DISCLAIMER

The author and publisher are providing this book and its contents on an "as is" basis and make no representations or warranties of any kind with respect to this book or its contents. The author and publisher disclaim all such representations and warranties, including but not limited to warranties of merchantability. In addition, the author and publisher do not represent or warrant that the information accessible via this book is accurate, complete, or current.

Except as specifically stated in this book, neither the author nor publisher, nor any authors, contributors, or other representatives will be liable for damages arising out of or in connection with the use of this book. This is a comprehensive limitation of liability that applies to all damages of any kind, including (without limitation) compensatory; direct, indirect, or consequential damages; loss of data, income, or profit; loss of or damage to property; and claims of third parties.

BESTACTIVITYBOOKS.COM

FIRST EDITION - Published 2022

Extra Graphic Material From: www.freepik.com
Thanks to: Alekksall, Starline, Pch.vector, Rawpixel.com, Vectorpocket, Dgim-studio, Upklyak, Macrovector, Stockgiu, Pikisuperstar & Freepik.com Designers

GET
YOUR
BONUS
FREE
CODE: WSBONUS20

5 TIPS TO START!

1) HOW TO SOLVE

The Puzzles are in a Classic Format:

- Words are hidden without breaks (no spaces, dashes, ...)
- Orientation: Forward & Backward, Up & Down or in Diagonal (can be in both directions)
- Words can overlap or cross each other

2) ACTIVE LEARNING

To encourage learning actively, a space is provided next to each word to write down the translation. The **DICTIONARY** allows you to verify and expand your knowledge. You can look up and write down each translation, find the words in the Puzzle then add them to your vocabulary!

3) TAG YOUR WORDS

Have you tried using a tag system? For example, you could mark the words which have been difficult to find with a cross, the ones you loved with a star, new words with a triangle, rare words with a diamond and so on...

4) ORGANIZE YOUR LEARNING

We also offer a convenient **NOTEBOOK** at the end of this edition. Whether on vacation, travelling or at home, you can easily organize your new knowledge without needing a second notebook!

5) FINISHED?

Go to the bonus section: **MONSTER CHALLENGE** to find a free game offered at the end of this edition!

Want more fun and learning activities? It's **Fast and Simple!**
An entire Game Book Collection just **one click away!**

Find your next challenge at:

BestActivityBooks.com/MyNextWordSearch

Ready, Set... Go!

Did you know there are around 7,000 different languages in the world? Words are precious.

We love languages and have been working hard to make the highest quality books for you. Our ingredients?

A selection of indispensable learning themes, three big slices of fun, then we add a spoonful of difficult words and a pinch of rare ones. We serve them up with care and a maximum of delight so you can solve the best word games and have fun learning!

Your feedback is essential. You can be an active participant in the success of this book by leaving us a review. Tell us what you liked most in this edition!

Here is a short link which will take you to your order page.

BestBooksActivity.com/Review50

Thanks for your help and enjoy the Game!

Linguas Classics Team

1 - Antiques

M	F	L	P	Q	F	L	R	Q	H	Z	K	L	T	G	S
Y	J	T	Z	M	B	I	E	H	E	A	Y	Z	F	H	T
F	K	A	L	I	T	E	S	S	Y	R	B	P	P	Q	V
S	B	N	Z	R	A	T	T	D	K	I	E	F	Y	K	M
V	C	A	H	I	Y	U	O	E	E	F	F	Ğ	I	A	V
D	G	S	Z	T	I	L	R	K	L	T	J	E	E	M	G
Z	N	G	T	A	F	R	A	O	L	I	P	E	H	D	K
S	C	S	A	Y	D	Q	S	R	G	O	N	Z	A	I	K
Ş	A	R	T	L	E	U	Y	A	Y	L	I	B	O	M	J
A	T	A	K	I	E	Y	O	T	S	İ	K	K	E	L	U
Y	F	V	K	J	T	R	N	İ	O	J	G	J	F	U	V
L	L	K	B	U	R	V	İ	F	O	T	A	N	T	I	K
O	L	A	Ğ	A	N	D	I	Ş	I	Y	Ü	Z	Y	I	L
S	G	B	N	D	S	M	P	F	P	R	L	V	V	I	R
B	A	N	U	U	I	T	J	F	C	U	D	V	Q	I	A
D	V	T	F	M	H	D	B	Z	R	T	I	D	S	D	A

SANAT
OTANTIK
YÜZYIL
SİKKE
ŞART
DEKORATİF
ZARIF
MOBILYA
GALERİ
YATIRIM
TAKI
YAŞ
FIYAT
KALITE
RESTORASYON
HEYKEL
TARZ
OLAĞAN DIŞI
DEĞER

2 - Food #1

K	T	S	F	O	N	E	Ğ	E	L	S	E	F	J	Y	S
A	N	U	I	T	A	R	Ç	I	N	İ	A	Y	Z	D	O
Y	I	M	S	D	O	G	L	H	Z	R	M	L	M	F	Ğ
I	Z	U	T	Y	Z	Z	P	O	K	B	B	O	A	U	A
S	M	T	I	E	Q	I	Ş	C	M	Z	F	T	N	T	N
I	B	U	K	E	L	İ	Ç	E	S	H	F	U	G	S	A
B	R	O	U	T	Z	P	U	Y	K	B	C	M	L	C	M
S	Ü	T	U	O	S	V	V	H	V	E	A	R	P	A	E
Ş	A	L	G	A	M	K	A	S	M	I	R	A	S	Y	Y
L	A	D	A	T	M	G	H	K	Z	B	N	Ç	I	K	V
J	J	T	U	J	I	S	P	A	N	A	K	O	G	I	E
S	Z	G	N	Z	Y	N	V	V	E	B	I	R	B	L	S
B	A	L	I	K	R	Y	A	S	D	N	M	B	C	R	U
C	V	V	N	Z	C	B	U	E	Z	B	J	A	O	V	Y
T	E	F	C	H	J	O	A	F	A	B	D	I	T	Y	U
R	N	S	I	L	V	Y	U	G	I	R	B	D	S	C	Q

KAYISI
ARPA
FESLEĞEN
HAVUÇ
TARÇIN
SARIMSAK
MEYVE SUYU
LİMON
SÜT
SOĞAN
FISTIK
ARMUT
SALATA
TUZ
ÇORBA
ISPANAK
ÇİLEK
ŞEKER
BALIK
ŞALGAM

3 - Measurements

T	N	Y	S	L	N	Q	I	B	A	H	R	D	T	Y	R
B	I	R	G	F	J	L	R	Y	Ğ	U	I	E	B	H	K
K	İ	L	O	M	E	T	R	E	I	Z	Y	R	I	A	I
T	A	E	M	A	C	Q	V	Z	R	U	Ç	I	T	C	T
Y	I	B	L	R	E	H	C	D	L	N	C	N	L	I	L
A	Ü	B	I	G	R	D	P	A	I	L	Z	L	İ	M	E
B	K	K	P	H	E	Y	U	S	K	U	F	I	T	U	V
H	C	I	S	V	D	F	Q	N	Y	K	C	K	P	O	M
M	F	L	Q	E	R	T	İ	L	M	E	T	R	E	G	N
T	O	A	V	Y	K	K	İ	L	O	G	R	A	M	E	E
Q	F	D	U	K	P	L	P	H	J	G	D	K	O	N	L
D	P	N	G	N	C	J	I	I	U	F	K	İ	M	I	F
M	A	O	F	K	T	V	K	K	E	S	V	K	F	Ş	G
S	A	N	T	İ	M	E	T	R	E	O	N	A	U	L	D
G	T	K	D	F	T	F	H	J	G	N	D	D	S	I	H
D	O	R	J	B	Z	F	P	L	O	S	F	C	N	K	L

BAYT
SANTİMETRE
ONDALIK
DERECE
DERINLIK
GRAM
YÜKSEKLIK
İNÇ
KİLOGRAM
KİLOMETRE
UZUNLUK
LİTRE
KITLE
METRE
DAKİKA
ONS
TON
HACIM
AĞIRLIK
GENIŞLIK

4 - Farm #2

Z	A	M	A	L	L	L	Z	S	B	A	B	M	Y	K	A
R	D	R	D	R	F	I	K	S	P	D	Ü	O	B	Y	H
M	Z	N	P	Z	S	A	G	Z	O	B	Y	F	V	Z	I
E	I	H	J	A	P	R	N	K	N	A	Ü	Q	Z	B	R
Y	K	E	M	B	M	I	S	I	R	H	M	B	Z	T	V
V	K	U	F	P	V	Y	I	R	L	Ç	E	E	Q	Y	N
E	S	U	L	A	M	A	R	B	R	E	K	E	D	R	Ö
O	F	Z	K	O	C	Ç	G	I	D	A	J	E	T	O	H
C	F	U	P	I	S	Ç	O	B	A	N	F	L	K	H	L
H	N	K	T	K	S	Ü	H	A	Y	V	A	N	L	A	R
B	Y	Z	Q	R	Z	L	T	U	A	N	S	E	B	Z	E
V	L	F	B	H	A	D	E	S	D	K	M	G	B	V	B
Ç	I	F	T	Ç	I	K	R	F	Ğ	O	V	Z	R	D	M
U	J	Z	J	I	N	D	T	Y	U	Y	G	J	S	O	Q
Y	I	Y	L	A	K	J	Z	Ö	B	U	R	P	Z	Z	G
C	V	D	H	V	L	Q	N	H	R	N	M	O	Z	Q	Y

HAYVANLAR
ARPA
AHIR
MISIR
ÖRDEK
ÇIFTÇI
GIDA
MEYVE
SULAMA
KUZU
LAMA
ÇAYIR
SÜT
BAHÇE
KOYUN
ÇOBAN
BÜYÜMEK
TRAKTÖR
SEBZE
BUĞDAY

5 - Books

O	N	N	E	Y	İ	K	İ	L	İ	K	B	A	L	E	K
O	Ü	U	K	M	A	L	Ğ	A	B	A	L	M	T	M	O
I	K	N	U	S	G	R	E	Q	M	E	U	J	Z	A	L
M	Y	U	I	L	I	Z	A	Y	Q	T	D	S	O	C	E
I	Ö	A	Y	J	A	P	Y	T	D	Î	B	E	D	E	K
J	N	J	H	U	G	K	A	O	I	Z	I	D	J	R	S
S	A	Y	F	A	C	A	Z	O	M	C	D	C	S	A	I
İ	L	G	İ	L	İ	U	A	O	İ	H	I	N	Y	R	Y
M	H	P	H	C	D	K	R	V	Z	H	S	Z	E	E	O
A	N	L	A	T	I	C	I	I	A	V	D	V	N	L	N
P	P	Y	V	K	Q	F	I	B	H	N	E	S	E	U	J
T	E	H	D	C	B	P	Ş	M	İ	O	S	R	O	C	S
Y	A	T	Z	L	G	O	M	E	M	V	T	A	K	K	U
P	G	R	E	K	H	Q	A	R	U	N	A	O	F	I	Z
M	Z	K	İ	J	A	R	T	G	O	B	N	A	M	O	R
F	H	Z	Q	H	T	D	U	J	D	U	A	H	N	U	Z

MACERA
YAZAR
KOLEKSIYON
BAĞLAM
İKİLİK
DESTAN
TARİH
MİZAHİ
YARATICI
EDEBÎ
ANLATICI
ROMAN
SAYFA
ŞIIR
OKUYUCU
İLGİLİ
DIZI
ÖYKÜ
TRAJİK
YAZILI

6 - Meditation

S	P	A	M	D	Ü	Ş	Ü	N	C	E	L	E	R	V	D
E	A	L	V	I	P	E	R	S	P	E	K	T	I	F	L
S	Ç	I	S	H	N	G	Q	Y	M	Z	M	D	O	Ğ	A
S	I	Ş	H	M	A	N	V	U	D	J	K	I	I	Y	K
I	K	K	Z	D	Z	T	E	M	A	H	R	E	M	O	B
Z	L	A	H	K	P	İ	B	T	L	C	V	A	V	D	M
L	I	N	R	M	Z	F	H	Z	T	B	D	A	K	N	M
I	K	L	U	B	A	K	Z	İ	I	A	V	G	N	I	T
K	I	I	U	B	E	K	E	M	N	E	R	Ğ	Ö	K	L
I	Z	K	F	T	Y	M	P	J	U	S	P	L	H	T	J
T	Ü	L	Z	I	L	T	U	E	Y	F	E	H	I	E	C
B	M	A	F	K	N	H	V	G	A	Ş	R	L	V	K	R
T	B	R	Q	N	I	I	V	B	N	I	K	A	S	E	B
D	U	Y	G	U	L	A	R	B	I	R	O	P	Y	R	D
T	Q	Q	U	C	H	G	T	E	K	A	Z	E	N	A	G
N	E	F	E	S	A	L	M	A	F	B	N	D	F	H	H

KABUL
UYANIK
NEFES ALMA
SAKIN
AÇIKLIK
MERHAMET
DUYGULAR
MINNETTARLIK
ALIŞKANLIKLAR
NEZAKET
ZİHİNSEL
AKIL
HAREKET
MÜZIK
DOĞA
BARIŞ
PERSPEKTIF
SESSIZLIK
DÜŞÜNCELER
ÖĞRENMEK

7 - Days and Months

C	L	F	V	Q	C	M	S	M	I	K	E	E	A	H	O
S	R	L	I	Y	J	D	R	J	L	A	Q	N	B	S	O
P	H	C	S	O	T	S	U	Ğ	A	S	N	B	Q	G	F
Q	T	N	E	C	C	G	N	A	S	I	N	F	N	J	J
M	E	E	T	A	C	O	N	A	H	M	G	P	B	E	I
D	T	Y	R	K	R	R	M	A	R	T	F	B	N	E	Y
O	S	L	A	P	M	H	D	J	O	K	U	J	A	A	E
R	B	Ü	M	A	F	U	K	D	Y	P	R	H	M	N	A
H	A	L	U	R	K	P	A	C	Ç	E	P	A	Z	A	R
I	A	I	C	F	D	N	U	D	A	R	F	P	E	G	M
I	D	F	T	A	K	V	I	M	R	Ş	Ş	Z	J	A	F
F	H	H	T	V	F	S	Q	B	Ş	E	Q	U	P	D	G
C	U	M	A	A	P	A	R	J	A	M	M	M	B	R	I
P	A	Z	A	R	T	E	S	I	M	B	B	M	K	A	B
T	E	M	M	T	D	L	O	J	B	E	T	E	Q	B	T
M	B	P	I	F	P	Z	J	N	A	N	A	T	G	A	E

NISAN
AĞUSTOS
TAKVIM
ŞUBAT
CUMA
OCAK
TEMMUZ
MART
PAZARTESI
AY
KASIM
EKIM
CUMARTESI
EYLÜL
PAZAR
PERŞEMBE
SALI
ÇARŞAMBA
HAFTA
YIL

8 - Energy

K	I	R	L	I	L	I	K	E	F	C	A	T	E	E	H
E	S	B	P	D	P	N	B	N	R	M	M	A	L	L	İ
S	I	N	B	D	I	U	M	T	O	Z	A	M	E	E	D
T	Y	T	J	J	L	A	Q	R	B	V	L	S	K	K	R
J	Ü	B	E	N	Z	İ	N	O	B	R	A	K	T	T	O
H	N	R	Ç	E	V	R	E	P	J	Z	L	Y	R	R	J
D	D	O	B	L	S	C	H	İ	P	G	T	Q	İ	O	E
E	C	T	N	İ	T	J	R	J	U	Z	K	K	K	N	N
N	N	E	A	T	N	A	K	I	U	F	P	E	G	T	A
Ü	M	D	Y	E	N	İ	L	E	N	E	B	İ	L	İ	R
K	O	Q	Ü	K	H	J	S	E	Y	U	T	G	I	B	R
L	T	R	R	S	J	Z	C	F	A	A	Q	V	O	U	Ü
E	O	M	N	Y	T	O	R	O	S	U	K	V	I	H	Z
E	R	T	F	C	G	R	Q	T	R	T	G	I	O	A	G
R	A	S	O	R	Q	Y	I	O	R	U	O	T	T	R	A
H	G	C	Y	A	P	Z	B	N	O	N	S	I	O	K	R

PIL
KARBON
MAZOT
ELEKTRİK
ELEKTRON
ENTROPİ
ÇEVRE
YAKIT
BENZİN
ISI
HİDROJEN
ENDÜSTRI
MOTOR
NÜKLEER
FOTON
KIRLILIK
YENİLENEBİLİR
BUHAR
TÜRBİN
RÜZGAR

9 - Chess

I	N	U	V	U	P	V	H	B	Ç	Y	A	B	Q	C	T
C	C	A	L	E	F	A	Y	A	A	N	H	U	V	L	Ü
Y	M	C	D	U	Y	K	V	V	P	K	E	O	H	V	Z
F	N	V	M	Y	P	Q	K	I	R	C	H	S	K	D	Ü
Y	I	N	P	N	Y	Q	V	O	A	R	S	D	L	G	K
O	U	S	I	H	A	Y	I	S	Z	I	J	N	U	Y	O
Z	A	M	A	N	R	A	L	K	U	L	R	O	Z	K	P
A	D	K	Z	P	I	K	A	R	G	G	İ	Y	M	R	R
Y	Ö	R	E	N	Ş	H	L	A	E	I	J	İ	C	A	C
E	H	Ğ	G	N	M	O	E	D	K	C	E	P	K	L	I
B	H	R	R	O	A	V	U	N	R	U	T	M	P	I	N
A	Z	L	F	E	Q	B	U	R	D	C	A	A	K	Ç	A
B	J	M	U	G	N	D	R	Y	P	N	R	Ş	G	E	J
G	U	K	R	A	L	M	P	U	K	U	T	A	Q	T	F
P	L	Q	C	G	Q	U	E	O	K	Y	S	B	S	I	T
S	E	F	O	O	B	Z	K	K	E	O	T	N	T	H	S

SIYAH
ZORLUKLAR
ŞAMPİYON
YARIŞMA
ÇAPRAZ
OYUN
KRAL
RAKIP
PASIF
OYUNCU
KRALIÇE
TÜZÜK
KURBAN
STRATEJİ
ZAMAN
ÖĞRENMEK
TURNUVA
BEYAZ

10 - Archeology

A	B	M	G	A	O	U	T	P	T	F	A	C	M	F	G
R	A	V	Y	J	P	S	D	Z	P	M	O	M	S	E	M
A	U	T	G	P	N	T	L	O	N	E	J	S	A	V	T
Ş	U	M	L	U	T	U	N	U	K	Z	B	L	İ	O	F
T	P	R	O	F	E	S	Ö	R	A	A	R	Y	T	L	D
I	K	E	R	O	N	T	M	U	L	R	P	A	R	Ç	A
R	M	H	J	U	S	U	N	L	I	Ö	N	E	E	H	Y
M	T	E	S	P	E	I	M	Y	N	C	D	E	C	A	K
A	E	L	D	F	N	K	T	U	T	T	A	K	I	M	E
C	I	G	D	E	I	Y	G	Z	I	L	A	N	A	C	M
I	G	L	M	Y	N	U	I	V	Y	N	K	A	K	M	İ
H	M	L	Q	K	G	I	Ç	A	Ğ	J	L	M	U	D	K
G	I	Z	E	M	L	G	Y	O	S	C	F	Z	P	O	L
T	A	P	I	N	A	K	V	E	Q	M	B	U	S	T	E
Q	Q	K	B	O	U	H	R	H	T	F	S	L	T	J	R
D	E	Ğ	E	R	L	E	N	D	I	R	M	E	L	H	R

ANALIZ
KEMİKLER
MEDENIYET
DÖL
ÇAĞ
DEĞERLENDIRME
UZMAN
UNUTULMUŞ
FOSİL
PARÇA
GIZEM
NESNE
PROFESÖR
KALINTI
ARAŞTIRMACI
TAKIM
TAPINAK
MEZAR

11 - Food #2

D	K	J	R	L	Q	L	S	P	Ü	P	V	D	N	G	V
N	P	R	A	M	L	E	S	E	Z	J	I	A	E	F	G
N	T	D	T	M	F	O	M	Y	Ü	L	Y	L	H	I	L
L	R	B	N	R	B	F	B	N	M	P	R	Y	L	C	A
B	I	T	A	N	N	O	N	I	Z	C	E	O	A	L	I
K	U	O	M	S	N	O	N	R	U	K	U	Ğ	E	Q	V
D	E	Ğ	J	F	A	F	B	F	L	G	N	U	N	O	T
G	H	R	D	Y	U	M	U	R	T	A	E	R	F	A	L
H	B	A	E	A	B	R	O	K	O	L	İ	T	I	Q	Z
C	M	N	J	V	Y	V	Z	M	H	P	V	F	Z	K	V
I	N	İ	O	P	İ	Q	U	T	K	E	İ	Q	M	D	J
L	P	G	O	U	M	Z	A	R	I	K	K	B	I	J	Q
Q	Ç	N	I	R	I	P	T	A	V	U	K	A	P	I	O
O	S	E	T	A	M	O	D	M	U	Z	O	L	O	U	E
Z	P	A	T	L	I	C	A	N	M	Z	B	I	I	S	R
E	C	Z	L	G	U	C	A	T	A	L	O	K	İ	Ç	Q

ELMA
ENGİNAR
MUZ
BROKOLİ
KEREVİZ
PEYNIR
KIRAZ
TAVUK
ÇİKOLATA
YUMURTA

PATLICAN
BALIK
ÜZÜM
JAMBON
KİVİ
MANTAR
PIRINÇ
DOMATES
BUĞDAY
YOĞURT

12 - Chemistry

S	I	C	A	K	L	I	K	C	H	O	A	H	G	J	L
K	A	T	A	L	İ	Z	Ö	R	B	O	T	J	I	R	U
I	Z	Y	P	Ü	F	S	A	T	R	T	O	K	L	O	R
L	T	N	U	K	İ	N	A	G	R	O	M	U	I	V	T
R	D	U	N	E	J	O	R	D	İ	H	İ	I	Z	O	M
I	Q	N	V	L	Y	S	B	V	A	R	K	V	M	E	S
Ğ	L	H	N	O	B	R	A	K	A	K	S	G	O	D	O
A	P	J	A	M	Y	C	S	T	A	Q	S	C	H	N	Z
Z	V	D	N	I	S	I	A	B	U	P	N	K	H	P	N
D	P	U	O	K	S	İ	J	E	N	Z	Ü	E	R	D	I
P	J	A	R	U	S	V	E	P	O	A	K	N	C	C	Q
N	F	L	T	A	N	G	I	G	Y	Z	L	Z	B	S	S
S	L	J	K	A	S	D	D	A	İ	T	E	İ	Q	D	S
K	F	H	E	C	D	İ	S	I	V	I	E	M	U	Q	M
Q	C	L	L	K	Y	L	T	J	K	S	R	K	L	O	K
J	I	U	E	A	L	K	A	L	İ	M	N	V	O	C	A

ASİT
ALKALİ
ATOMİK
KARBON
KATALİZÖR
KLOR
ELEKTRON
ENZİM
GAZ
ISI
HİDROJEN
İYON
SIVI
MOLEKÜL
NÜKLEER
ORGANİK
OKSİJEN
TUZ
SICAKLIK
AĞIRLIK

13 - Music

O	Z	C	Ş	G	M	J	O	M	Ü	B	L	A	V	O	M
J	Ş	Q	A	K	D	V	G	İ	Ü	B	U	A	O	B	İ
T	İ	G	R	İ	A	M	P	T	O	Z	F	A	K	O	K
M	İ	Y	K	T	G	Y	U	İ	P	P	İ	E	A	M	R
Ü	R	U	I	K	H	K	I	R	M	S	E	K	L	V	O
Z	S	C	C	E	K	O	O	T	E	C	F	R	A	G	F
İ	E	C	I	L	B	R	R	K	T	H	O	N	A	L	O
S	L	A	Y	K	M	O	A	H	E	N	K	G	N	E	N
Y	H	F	C	E	F	F	V	I	S	P	K	N	R	M	P
E	E	A	T	D	K	L	P	C	M	K	İ	S	A	L	K
N	V	O	Z	C	Y	İ	D	O	L	E	M	Q	Z	G	R
Q	S	M	D	I	S	R	A	M	F	I	T	E	D	D	T
A	F	N	L	N	G	İ	C	V	O	U	İ	Q	I	V	G
A	D	V	H	L	Z	K	İ	N	O	M	R	A	H	L	K
Q	H	B	U	K	P	M	O	B	U	O	D	Z	Q	Z	D
E	N	S	T	R	Ü	M	A	N	N	Q	I	F	H	B	D

ALBÜM
KORO
KLASİK
EKLEKTİK
HARMONİK
AHENK
ENSTRÜMAN
LİRİK
MELODİ
MİKROFON
MÜZİKAL
MÜZİSYEN
OPERA
ŞİİRSEL
KAYIT
RİTİM
RİTMİK
ŞARKICI
TEMPO
VOKAL

14 - Family

E	E	R	K	E	K	K	A	R	D	E	Ş	J	Y	K	Y
K	R	Z	I	S	U	L	C	A	O	P	Q	S	E	U	Q
I	Q	K	U	C	O	Ç	M	L	Q	Q	P	B	Ğ	Z	M
A	C	Ş	E	N	I	D	A	K	A	L	A	K	E	E	Z
A	N	N	E	K	Q	C	O	U	K	A	Y	I	N	N	O
B	Y	F	A	A	T	J	B	C	T	F	Z	Z	N	O	C
B	Ü	Q	O	P	T	O	P	O	R	R	G	K	L	T	E
Y	Ü	Y	B	F	H	R	R	Ç	J	Z	B	A	C	O	K
P	O	Y	Ü	H	U	C	Q	U	Q	K	H	R	N	N	U
E	S	R	Ü	K	A	H	A	M	N	U	O	D	S	U	L
I	N	V	E	K	B	O	U	T	A	L	V	E	Z	I	K
T	E	Y	Z	E	A	A	N	T	F	H	G	Ş	Q	A	U
Z	R	T	P	Q	B	N	B	L	T	Y	Y	O	L	T	C
K	J	Z	J	Z	C	D	N	A	T	O	R	U	N	A	O
U	P	L	G	O	M	B	D	E	V	P	D	J	J	U	Ç
E	R	K	E	K	Y	E	Ğ	E	N	D	E	L	Q	I	C

ATA
TEYZE
ERKEK KARDEŞ
ÇOCUK
ÇOCUKLUK
ÇOCUKLAR
KUZEN
KIZ EVLAT
TORUN
BÜYÜK BABA
BÜYÜKANNE
ERKEK TORUN
KOCA
ANNE
ERKEK YEĞEN
YEĞEN
BABA
KIZ KARDEŞ
AMCA
KADIN EŞ

15 - Farm #1

E	T	R	Ç	P	C	V	Q	F	U	L	A	B	B	H	T
Ş	B	E	I	T	I	M	T	G	J	I	T	P	U	M	M
E	S	Q	T	S	Z	R	U	T	U	R	B	T	Z	S	D
K	F	K	E	O	R	Z	I	U	L	G	K	P	A	K	G
O	L	S	P	U	M	J	L	N	I	D	Z	V	Ğ	A	J
N	G	T	Y	V	Q	M	O	O	Ç	P	V	G	I	P	B
C	B	H	S	Y	U	Y	J	Z	E	K	O	S	R	T	G
G	T	R	K	T	Y	E	K	İ	K	A	R	G	A	I	N
R	A	F	S	B	A	G	P	B	F	P	S	Y	N	Q	V
L	R	A	L	A	N	V	S	H	E	K	E	N	İ	D	N
H	I	Q	R	P	S	H	U	E	P	Ö	T	F	I	Q	J
Z	M	U	H	O	T	A	U	K	T	P	S	C	R	C	S
R	R	L	U	H	Y	J	M	T	H	E	R	B	Ü	G	U
N	A	S	T	U	I	G	N	A	A	K	B	I	S	O	E
A	O	S	S	B	Y	A	T	I	N	Y	R	V	K	M	Y
K	E	D	İ	O	J	F	K	D	U	C	P	Z	P	P	F

TARIM
ARI
BİZON
BUZAĞI
KEDİ
TAVUK
İNEK
KARGA
KÖPEK
EŞEK
ÇIT
GÜBRE
ALAN
KEÇI
SAMAN
BAL
AT
PIRINÇ
TOHUM
SU

16 - Camping

H	T	U	C	G	A	T	E	Ş	C	N	A	R	M	H	C
A	C	B	F	Ö	L	Y	K	Y	P	O	I	G	E	A	I
R	U	K	I	L	I	C	V	A	L	U	S	U	P	M	D
İ	D	S	C	D	M	R	N	V	R	J	J	I	I	A	B
T	F	B	K	F	V	Q	E	C	N	E	L	Ğ	E	K	T
A	G	D	H	C	S	S	C	D	A	Ğ	C	R	T	I	Y
Z	C	G	D	O	Ğ	A	N	E	N	İ	B	A	K	Ş	P
R	O	L	E	F	N	Y	I	I	A	Z	Ö	L	M	A	Z
C	P	U	I	C	C	A	M	D	M	F	C	N	Q	P	F
I	R	E	L	P	Ç	F	K	F	R	K	E	A	E	K	U
T	O	Y	O	E	O	A	F	P	O	B	K	V	G	A	T
G	L	B	L	N	A	D	D	T	B	R	O	Y	E	N	F
M	P	H	D	L	F	B	U	I	E	O	O	A	R	J	I
T	N	M	M	T	U	U	G	I	R	Q	Z	H	F	P	J
I	P	L	L	Z	Z	J	S	T	C	K	T	B	M	Y	J
A	Ğ	A	Ç	L	A	R	Z	K	K	J	A	V	E	R	K

MACERA
HAYVANLAR
KABİN
KANO
PUSULA
ATEŞ
ORMAN
EĞLENCE
HAMAK
ŞAPKA
AVCILIK
BÖCEK
GÖL
HARİTA
AY
DAĞ
DOĞA
IP
ÇADIR
AĞAÇLAR

17 - Algebra

Y	Z	M	T	A	I	N	V	K	Y	V	O	F	Ç	Y	F
Z	K	C	G	R	J	F	B	P	K	J	Q	A	I	A	O
M	A	T	R	İ	S	K	V	Ö	M	D	C	K	K	N	R
A	O	F	S	İ	Ü	Z	D	G	L	M	H	T	A	L	M
R	I	F	I	S	T	Z	Q	E	L	Ü	J	Ö	R	I	Ü
G	Z	G	D	L	Y	Ş	K	A	Ğ	U	M	R	M	Ş	L
A	U	K	E	S	I	R	E	C	M	I	T	V	A	K	D
Y	S	O	R	U	N	Q	K	L	R	R	Ş	S	Z	E	E
İ	N	Q	F	T	U	L	P	Q	T	Y	H	K	O	Y	N
D	O	J	G	G	A	J	H	Ç	B	İ	I	J	E	A	K
N	S	L	Y	O	L	C	S	Ö	C	D	S	F	S	N	L
P	A	R	A	N	T	E	Z	Z	Q	F	D	A	T	F	E
D	O	Ğ	R	U	S	A	L	Ü	Z	A	E	K	B	K	M
K	H	Q	T	G	E	P	V	M	Q	T	O	Z	C	J	V
D	S	C	A	Q	L	O	D	E	Z	Q	Q	T	R	G	V
Z	N	U	M	A	R	A	D	B	Z	P	L	S	R	L	M

EK
DİYAGRAM
BÖLÜM
DENKLEM
ÜS
FAKTÖR
YANLIŞ
FORMÜL
KESIR
SONSUZ
DOĞRUSAL
MATRİS
NUMARA
PARANTEZ
SORUN
BASİTLEŞTİR
ÇÖZÜM
ÇIKARMA
DEĞIŞKEN
SIFIR

18 - Numbers

N	H	C	Y	C	J	U	O	M	K	Z	U	S	I	U	C
R	C	C	Y	E	F	E	N	O	Y	J	V	K	T	H	U
O	L	Ü	D	E	D	J	Y	M	Q	B	N	K	N	S	A
Z	D	Ç	Ü	N	O	İ	E	A	O	Z	J	I	N	O	V
G	B	C	N	M	G	L	D	B	H	O	E	A	I	N	B
Y	D	O	D	N	R	U	I	2	M	Q	U	Y	J	A	F
S	F	N	J	Ö	T	L	M	V	V	S	M	L	I	L	Q
N	D	I	Q	T	R	I	B	S	K	I	Z	S	C	T	E
Q	M	K	J	U	Ö	T	V	E	B	F	N	B	G	I	M
E	K	I	L	A	D	N	O	K	E	I	E	M	F	O	Z
T	B	K	T	L	N	D	D	İ	Ş	R	A	C	V	Q	S
K	G	R	I	L	O	V	O	Z	U	K	O	D	N	O	Y
T	S	D	C	F	A	V	K	Z	M	S	F	B	M	Q	İ
O	N	S	E	K	I	Z	U	P	R	H	O	G	V	Q	R
L	C	Z	P	V	M	T	Z	Q	S	T	D	E	Y	K	M
K	Z	H	A	F	H	P	Y	H	U	J	C	C	G	I	İ

ONDALIK
SEKİZ
ONSEKIZ
BEŞ
DÖRT
ON DÖRT
DOKUZ
ON DOKUZ
BIR
YEDİ
ON YEDI
ALTI
ON ALTI
ON
ON ÜÇ
ÜÇ
ON IKI
YİRMİ
SIFIR

19 - Spices

G	C	R	E	Z	E	N	E	V	S	U	R	F	Z	K	K
Y	Q	P	Q	K	N	Z	T	E	E	C	F	R	Q	Z	İ
K	A	R	A	N	F	İ	L	U	K	A	K	U	L	E	M
Z	Q	N	J	M	I	C	K	N	Z	İ	V	E	C	I	Y
M	L	F	L	D	B	Ç	E	U	L	J	V	U	Q	Y	O
K	B	A	H	V	J	C	R	S	B	G	J	Y	R	M	N
L	K	I	K	Q	Z	R	K	A	D	P	J	S	O	K	V
T	A	T	L	I	Q	K	Y	L	T	F	E	Z	U	İ	A
E	S	R	S	E	A	G	D	F	G	G	G	B	M	Ş	N
Z	M	K	I	R	M	I	Z	I	B	İ	B	E	R	N	İ
Z	I	E	J	M	S	Z	E	N	C	E	F	I	L	İ	L
E	R	G	Z	E	F	O	Ç	E	M	E	N	I	M	Ş	Y
L	A	D	P	K	R	D	Ğ	J	U	K	T	T	C	L	A
U	S	Z	T	R	K	K	Y	A	I	E	I	R	R	V	A
S	A	F	R	A	N	L	A	Z	N	O	S	A	N	A	C
R	I	I	S	P	N	G	K	T	O	R	K	Ö	R	İ	I

ANASON
ACI
KAKULE
TARÇIN
KARANFİL
KİŞNİŞ
KİMYON
KÖRİ
REZENE
ÇEMEN
LEZZET
SARIMSAK
ZENCEFIL
CEVİZ
SOĞAN
KIRMIZI BİBER
SAFRAN
TUZ
TATLI
VANİLYA

20 - Universe

O	Q	N	T	J	M	Ü	Z	Ü	Y	K	Ö	G	S	T	E
P	G	L	G	L	K	Z	R	S	U	Ö	B	S	P	N	I
H	D	B	P	J	I	U	I	Y	A	Q	R	Y	M	M	Y
Y	K	İ	M	Z	O	K	F	L	P	I	Ü	Ü	O	C	D
Q	A	B	L	Z	N	D	L	U	O	C	N	M	N	F	Y
Q	R	M	K	S	B	Z	S	R	K	O	Ü	Ü	O	G	Ş
K	A	İ	M	O	N	O	R	T	S	A	R	N	R	V	E
E	N	B	O	I	N	G	E	Z	E	B	Ö	Ö	T	K	N
R	L	G	T	C	E	F	Y	Z	L	T	G	D	S	Z	Ü
Ü	I	T	K	F	V	N	F	P	E	Y	F	N	A	J	G
K	K	J	O	N	Q	T	L	J	T	H	R	Ü	D	N	E
M	G	G	R	D	Y	O	L	E	S	K	Ö	G	A	Y	O
I	E	K	V	A	T	O	R	M	M	H	N	Z	K	N	N
R	Z	O	D	Y	A	K	M	K	U	H	L	P	Ö	B	M
A	T	M	O	S	F	E	R	A	C	S	P	O	G	Q	M
Y	E	T	T	F	E	K	N	G	J	M	N	I	H	E	G

ASTRONOM
ASTRONOMİ
ATMOSFER
GÖKSEL
KOZMİK
KARANLIK
EON
EKVATOR
GÖKADA
YARIMKÜRE
UFUK
ENLEM
AY
YÖRÜNGE
GÖKYÜZÜ
GÜNEŞ
GÜNDÖNÜMÜ
TELESKOP
GÖRÜNÜR
ZODYAK

21 - Mammals

Z	T	B	I	R	R	H	E	T	T	L	K	R	E	B	V
F	İ	V	L	Q	R	K	O	U	C	E	E	G	J	A	B
L	L	Z	Ç	A	K	A	L	D	O	L	D	E	M	L	K
E	K	I	V	F	E	E	I	A	M	M	İ	O	H	I	A
B	İ	A	Y	A	P	C	F	B	O	V	A	R	V	N	S
V	H	G	Z	R	Ö	T	R	U	N	F	M	Y	O	A	L
B	N	P	E	Ü	K	T	Q	M	Q	Y	J	E	F	G	A
Q	Q	E	E	Z	I	E	A	F	H	L	D	A	D	V	N
Z	E	B	R	A	Y	D	C	T	L	B	R	Q	Y	Y	V
K	A	N	G	U	R	U	T	H	A	V	O	I	U	N	V
H	E	Q	G	G	A	Y	I	Z	G	V	G	M	N	T	P
B	F	N	I	M	A	Y	M	U	N	T	Ş	J	U	P	O
Q	O	K	U	R	T	O	H	D	U	M	Z	A	S	A	R
C	Z	Ğ	U	Z	K	N	L	N	Y	D	N	R	N	T	B
C	S	A	A	O	M	N	I	U	O	B	R	P	B	B	U
A	E	N	L	U	J	H	J	K	K	Z	F	M	K	M	A

AYI
KUNDUZ
BOĞA
KEDİ
ÇAKAL
KÖPEK
YUNUS
FIL
TİLKİ
ZÜRAFA
GORİL
AT
KANGURU
ASLAN
MAYMUN
TAVŞAN
KOYUN
BALINA
KURT
ZEBRA

22 - Bees

Ç	D	U	C	H	M	R	J	Q	G	D	A	B	T	Q	D
İ	D	V	B	C	E	A	M	U	I	P	I	L	O	A	T
Ç	G	L	I	Z	Y	H	Y	N	C	K	T	P	Z	M	Q
E	D	I	Y	F	V	V	P	F	Z	B	Z	J	L	A	B
K	U	A	D	H	E	Ç	H	U	M	U	M	L	A	B	E
L	M	F	P	A	E	Y	E	M	T	P	H	Y	Y	N	R
E	A	K	F	H	V	E	L	Ş	E	N	Ü	G	I	R	Z
R	N	Y	C	H	N	B	Y	L	I	H	R	J	C	V	E
P	O	L	E	N	L	Z	T	B	L	T	A	D	I	E	B
H	Z	N	S	Ü	R	Ü	E	J	A	B	L	P	Q	S	H
M	K	R	A	L	I	Ç	E	Ç	D	Ö	T	I	Q	V	R
O	N	O	G	V	N	R	T	İ	Y	C	A	B	L	Z	O
A	C	S	S	I	O	V	Q	Ç	A	E	N	A	D	I	Q
P	M	Q	O	C	D	K	U	E	F	K	A	H	R	D	K
B	İ	T	K	İ	L	E	R	K	H	K	K	Ç	F	K	L
E	K	O	S	İ	S	T	E	M	I	B	L	E	H	F	Q

FAYDALI
ÇİÇEK
ÇEŞITLILIK
EKOSİSTEM
ÇİÇEKLER
GIDA
MEYVE
BAHÇE
KOVAN
BAL
BÖCEK
BİTKİLER
POLEN
TOZLAYICI
KRALIÇE
DUMAN
GÜNEŞ
SÜRÜ
BALMUMU
KANATLAR

23 - Weather

B	U	Z	F	M	T	A	R	Y	V	K	F	I	S	L	T
G	R	D	V	I	K	U	T	U	P	A	F	T	L	C	H
Ö	U	D	K	P	R	C	F	U	D	S	H	E	Z	I	T
K	K	İ	P	O	R	T	P	A	D	I	N	V	S	M	C
Y	I	M	R	L	Z	J	I	P	N	R	B	U	L	U	T
Ü	L	E	S	I	N	T	I	N	L	G	M	U	S	O	N
Z	K	Z	K	O	B	A	S	D	A	A	I	G	R	B	K
Ü	A	I	L	Y	Y	G	I	İ	J	J	K	Ö	Ü	A	M
M	C	K	Q	H	U	C	M	A	S	L	L	K	Z	T	B
M	I	R	I	D	L	I	Y	R	F	B	I	K	G	P	A
Z	S	T	M	A	K	H	N	N	F	O	M	U	Â	K	J
G	O	N	B	K	U	R	A	K	L	I	K	Ş	R	Z	U
A	T	M	O	S	F	E	R	K	E	R	D	A	V	R	G
S	A	K	L	D	E	O	H	K	S	Z	H	Ğ	Z	H	A
G	Ö	K	G	Ü	R	Ü	L	T	Ü	S	Ü	I	E	L	O
D	G	A	U	Y	V	Z	O	A	B	T	D	G	D	U	H

ATMOSFER
ESINTI
IKLIM
BULUT
KURAKLIK
KURU
SEL
SİS
BUZ
YILDIRIM
MUSON
KUTUP
GÖKKUŞAĞI
GÖKYÜZÜ
FIRTINA
SICAKLIK
GÖK GÜRÜLTÜSÜ
KASIRGA
TROPİK
RÜZGÂR

24 - Adventure

T	G	G	S	M	S	F	F	S	E	F	E	R	V	R	Ş
A	Ü	I	N	N	E	M	A	C	N	G	L	O	Z	B	A
L	Z	L	G	Y	V	H	E	V	E	S	G	N	O	V	Ş
V	E	E	Y	R	İ	U	S	G	Q	Y	Q	E	R	B	I
S	L	F	U	A	N	D	V	N	Ü	T	K	H	L	O	R
R	L	P	F	O	Ç	S	O	H	I	Z	A	K	U	S	T
S	I	Z	E	G	U	Q	R	E	U	E	E	C	K	T	I
H	K	N	D	M	H	R	A	L	K	U	L	R	O	Z	C
A	C	P	E	S	V	F	L	G	N	Q	C	Z	G	F	I
Z	Ş	R	H	Y	N	L	Ş	F	A	C	Y	U	P	A	H
I	Q	A	F	I	R	S	A	T	E	Y	İ	N	M	E	H
R	V	Ğ	N	M	Q	V	D	C	E	S	A	R	E	T	U
L	Z	O	Z	S	J	U	A	Q	F	A	Z	V	J	L	D
I	C	D	P	I	L	E	K	I	L	H	E	T	O	M	E
K	B	Q	P	L	R	O	R	R	N	R	Q	A	C	V	V
E	U	I	Ş	I	D	N	A	Ğ	A	L	O	E	I	T	F

GÜZELLIK
CESARET
ZORLUKLAR
ŞANS
TEHLIKELI
HEDEF
ZORLUK
HEVES
GEZI
ARKADAŞLAR
GÜZERGAH
SEVİNÇ
DOĞA
SEFER
YENI
FIRSAT
HAZIRLIK
EMNİYET
ŞAŞIRTICI
OLAĞAN DIŞI

25 - Geology

R	V	L	N	A	C	R	E	M	E	R	P	E	D	Q	D
T	İ	S	A	K	L	D	A	R	U	K	V	R	D	J	R
M	K	A	M	V	H	I	Ö	Y	S	M	F	E	G	T	E
A	U	Ş	T	I	N	I	Y	N	F	T	O	L	E	U	L
Ğ	V	V	A	F	O	S	İ	L	G	L	T	L	R	Z	L
A	A	O	K	T	Y	K	I	T	A	Ü	Y	A	Y	L	A
R	R	L	Z	I	Z	E	N	P	H	H	L	R	V	Z	T
A	S	K	K	K	O	B	Y	S	K	C	A	E	Z	R	S
S	Z	A	Y	R	R	G	A	Y	Z	E	R	N	R	B	İ
R	K	N	M	A	E	C	B	U	U	Q	F	İ	F	G	R
I	U	Y	Y	S	L	H	A	Z	V	L	V	M	M	B	K
P	K	A	L	S	İ	Y	U	M	B	D	C	M	P	F	O
F	Z	L	T	M	D	E	K	N	G	P	H	N	H	R	L
U	S	O	S	Q	V	K	M	F	O	L	Q	E	J	C	B
A	P	F	F	Z	E	P	E	F	F	H	I	G	D	T	D
V	A	T	Z	I	N	O	O	F	M	Y	B	A	E	Z	D

ASİT
KALSİYUM
MAĞARA
KITA
MERCAN
KRİSTALLER
DÖNGÜLER
DEPREM
EROZYON
FOSİL
GAYZER
LAV
KATMAN
MİNERALLER
YAYLA
KUVARS
TUZ
SARKIT
TAŞ
VOLKAN

26 - House

I	N	M	Q	B	P	K	V	D	M	R	A	B	M	A	L
J	E	Z	A	G	E	Ü	D	G	U	G	N	D	E	N	E
B	F	G	R	T	N	T	M	R	H	Ş	A	B	J	Y	J
D	U	V	A	R	C	Ü	P	F	U	Y	H	V	A	A	P
J	C	J	Q	O	E	P	G	Y	E	F	T	I	Ç	B	M
H	Q	Y	J	Z	R	H	Y	M	L	G	A	U	A	T	I
E	Ç	H	A	B	E	A	H	V	J	A	R	A	G	R	P
N	Z	E	M	I	N	N	O	L	Q	J	L	Ü	O	D	A
İ	K	Y	I	T	S	E	Z	O	B	R	A	P	P	I	K
M	V	Q	T	A	P	R	E	L	E	D	R	E	P	Ü	U
Ö	U	V	A	K	I	I	A	R	L	N	F	L	Q	V	S
Ş	E	T	O	I	T	A	Ç	D	Y	E	J	S	C	M	O
R	V	U	F	T	S	N	A	I	Y	U	J	Z	K	A	R
K	G	Q	D	A	Y	L	I	B	O	M	B	Z	C	Z	Z
L	S	C	C	Ç	K	Y	Q	K	H	D	N	D	I	N	G
O	J	L	Z	D	C	K	P	V	O	T	P	Y	J	Z	M

ÇATI KATI
SÜPÜRGE
PERDELER
KAPI
ÇIT
ŞÖMİNE
ZEMIN
MOBILYA
GARAJ
BAHÇE

ANAHTARLAR
MUTFAK
LAMBA
KÜTÜPHANE
AYNA
ÇATI
ODA
DUŞ
DUVAR
PENCERE

27 - Physics

S	N	O	O	K	S	N	A	T	O	M	M	B	R	F	E
I	Ü	R	G	A	G	A	Z	I	H	Y	O	O	V	P	V
K	K	K	N	M	Z	L	H	K	I	M	L	Q	D	H	R
L	L	F	K	Z	V	R	Z	M	G	Z	E	P	K	E	E
I	E	R	K	İ	N	A	K	E	M	A	K	A	I	K	N
K	E	Q	N	T	E	L	J	Y	D	B	Ü	R	M	A	S
V	R	A	L	E	L	T	I	K	S	R	L	T	Y	O	E
Z	P	Z	M	Y	O	Ğ	U	N	L	U	K	İ	A	S	L
C	P	R	O	N	U	N	U	B	I	I	D	K	S	M	N
B	U	R	T	A	A	F	Q	G	K	L	R	Ü	A	P	P
V	Y	H	O	M	R	L	S	P	L	O	Y	L	L	V	Q
N	I	N	R	L	Q	Y	Z	E	L	E	K	T	R	O	N
R	Z	B	J	U	Z	Q	Z	I	F	O	R	M	Ü	L	H
G	E	N	I	Ş	L	E	M	E	H	O	R	D	F	C	N
G	Ö	R	E	L	I	L	I	K	L	A	P	R	H	P	E
S	V	Z	G	Y	B	M	F	S	L	G	H	K	B	H	Y

HIZLANMA
ATOM
KAOS
KIMYASAL
YOĞUNLUK
ELEKTRON
MOTOR
GENIŞLEME
FORMÜL
SIKLIK
GAZ
MANYETİZMA
KITLE
MEKANİK
MOLEKÜL
NÜKLEER
PARTİKÜL
GÖRELILIK
EVRENSEL
HIZ

28 - Dance

G	E	L	E	N	E	K	S	E	L	A	M	G	D	R	H
Ş	J	D	C	J	F	M	R	D	N	K	O	İ	H	M	İ
A	S	Q	A	E	I	E	Q	P	O	A	L	Ü	T	U	F
N	Q	J	I	T	L	B	H	J	Y	D	E	Y	C	İ	A
A	D	S	E	H	M	Q	I	A	P	E	R	N	N	H	R
T	P	G	F	K	A	Z	R	E	I	M	Ü	G	B	M	G
P	N	G	P	C	L	R	H	A	J	İ	T	U	S	K	O
R	P	K	M	U	N	A	E	V	S	K	L	S	R	Q	E
O	G	C	B	R	A	D	S	K	S	K	Ü	T	H	U	R
V	R	V	V	Ü	C	U	T	İ	E	A	K	A	T	R	O
A	C	T	S	T	I	T	N	M	K	T	D	B	T	B	K
N	E	Ş	E	L	I	M	T	R	L	E	U	U	V	H	K
V	M	U	D	Ü	B	Ü	Y	U	S	C	Y	R	O	G	E
A	Q	R	J	K	P	Z	P	T	S	D	G	P	I	V	F
G	Y	U	U	V	K	I	V	R	Q	A	U	I	M	G	D
E	C	D	O	P	Y	K	A	B	G	Ö	R	S	E	L	U

AKADEMİ
SANAT
VÜCUT
KOREOGRAFİ
KLASİK
KÜLTÜREL
KÜLTÜR
DUYGU
ANLAMLI
LÜTUF
NEŞELI
HAREKET
MÜZIK
ORTAK
DURUŞ
PROVA
RİTİM
GELENEKSEL
GÖRSEL

29 - Shapes

Y	J	D	I	K	D	Ö	R	T	G	E	N	S	I	R	A
E	A	M	H	G	N	K	A	H	O	K	Ü	P	R	K	T
S	D	N	E	O	A	M	L	A	R	K	L	B	Z	H	R
Q	D	E	Ş	Ö	K	L	R	M	Z	L	K	A	A	J	M
C	Z	F	Ğ	N	U	Y	A	Z	E	U	E	R	C	O	C
B	N	A	C	R	V	F	N	İ	B	G	O	M	F	M	D
E	N	I	B	U	I	O	E	R	N	R	V	G	I	O	A
Ü	Ç	G	E	N	S	M	K	P	Y	O	G	P	Z	O	I
Y	I	S	C	G	N	Ç	L	P	G	M	K	S	Y	T	R
O	A	E	D	G	I	O	T	D	C	S	L	Z	Q	C	E
O	B	F	G	Y	A	K	P	İ	R	A	M	İ	T	A	G
E	G	N	D	V	T	G	E	L	İ	P	S	R	H	E	C
B	L	Q	Y	A	F	E	R	A	K	A	O	C	T	B	M
Z	G	J	O	F	H	N	Ü	O	V	A	L	T	Y	K	Y
T	C	F	Y	T	R	N	K	Q	V	A	E	H	Y	D	C
H	İ	P	E	R	B	O	L	S	İ	L	İ	N	D	İ	R

ARK
DAIRE
KONİ
KÖŞE
KÜP
EĞRI
SİLİNDİR
KENARLAR
ELİPS
HİPERBOL
SIRA
OVAL
ÇOKGEN
PRİZMA
PİRAMİT
DIKDÖRTGEN
YAN
KÜRE
KARE
ÜÇGEN

30 - Scientific Disciplines

K	İ	N	A	T	O	B	O	P	A	L	K	A	F	F	B
M	M	İ	Y	J	H	C	G	İ	N	Y	H	N	D	İ	İ
O	M	M	M	İ	D	Y	B	J	A	I	B	N	N	Z	Y
M	Ü	O	I	J	A	İ	C	O	T	D	I	Z	V	Y	O
İ	N	N	K	O	İ	J	O	L	O	E	K	R	A	O	K
N	O	O	F	L	Q	O	H	O	M	Z	L	V	U	L	İ
E	L	R	H	O	C	L	I	Y	İ	V	T	G	L	O	M
R	O	T	E	R	M	O	D	İ	N	A	M	İ	K	J	Y
A	J	S	I	Ö	İ	Y	P	S	J	K	I	I	İ	İ	A
L	İ	A	L	N	L	S	G	E	B	O	F	E	N	P	Z
O	Z	Y	E	Z	İ	O	L	N	Y	D	L	K	A	E	O
J	S	F	G	F	B	S	V	İ	L	P	Y	O	K	F	O
İ	G	C	H	N	L	D	U	K	Q	Z	C	L	E	H	L
J	A	S	P	S	İ	K	O	L	O	J	İ	O	M	J	O
M	P	V	N	A	D	V	J	Z	P	L	T	J	J	H	J
T	B	F	B	İ	Y	O	L	O	J	İ	T	İ	B	Y	İ

ANATOMİ
ARKEOLOJİ
ASTRONOMİ
BİYOKİMYA
BİYOLOJİ
BOTANİK
KIMYA
EKOLOJİ
JEOLOJİ
İMMÜNOLOJİ
KİNESİYOLOJİ
DİLBİLİM
MEKANİK
MİNERALOJİ
NÖROLOJİ
FİZYOLOJİ
PSİKOLOJİ
SOSYOLOJİ
TERMODİNAMİK
ZOOLOJİ

31 - Science

L	İ	S	O	F	I	R	E	V	L	M	K	İ	Z	İ	F
R	A	P	G	U	K	Y	Q	E	V	R	I	M	M	S	G
U	R	B	C	K	L	E	B	R	K	G	O	İ	İ	Y	A
G	G	R	O	Z	I	N	A	B	U	E	E	K	N	B	O
Y	H	D	V	R	M	E	L	Z	Ö	G	T	E	E	İ	Q
V	J	K	Z	R	A	D	M	E	Q	C	M	Ç	R	T	R
G	E	R	Ç	E	K	T	D	O	N	T	Q	R	A	K	H
D	K	S	V	N	I	Z	U	O	L	D	P	E	L	İ	Y
A	F	V	P	R	U	P	G	V	Ğ	E	L	Y	L	L	R
O	R	G	A	N	İ	Z	M	A	A	A	K	J	E	E	Q
Y	Ö	N	T	E	M	B	L	O	U	R	G	Ü	R	R	I
P	A	R	Ç	A	C	I	K	L	A	R	I	I	L	V	B
E	N	K	I	M	Y	A	S	A	L	V	P	S	S	H	L
V	I	U	C	Z	A	T	O	M	I	A	H	R	B	V	D
O	I	F	D	L	Z	D	H	H	P	G	O	E	N	I	H
T	T	Y	G	E	H	I	P	O	T	E	Z	Q	P	S	Y

ATOM
KIMYASAL
IKLIM
VERI
EVRIM
DENEY
GERÇEK
FOSİL
YERÇEKİMİ
HIPOTEZ
LABORATUVAR
YÖNTEM
MİNERALLER
MOLEKÜL
DOĞA
GÖZLEM
ORGANİZMA
PARÇACIKLAR
FİZİK
BİTKİLER

32 - Beauty

I	C	M	A	D	Q	V	R	R	U	J	C	I	L	T	K
U	R	A	R	A	K	S	A	M	K	O	K	U	N	K	Z
P	D	N	Z	Ü	D	U	L	A	İ	S	G	M	T	I	E
T	M	Y	N	I	U	O	Ğ	P	N	C	V	K	O	Q	E
H	R	A	H	L	B	Y	A	T	E	F	A	R	A	Z	R
C	V	A	O	K	M	E	Y	M	J	Z	A	R	I	F	Y
T	K	U	G	V	Q	T	I	A	O	H	R	T	F	K	P
S	L	C	J	M	S	R	Z	K	T	K	C	R	P	Y	Z
İ	B	F	S	N	M	E	L	A	O	E	M	E	S	I	I
L	Z	A	T	B	A	S	L	S	F	S	P	N	G	N	K
İ	Ü	J	Q	M	K	İ	T	E	M	Z	O	K	C	P	O
T	R	T	P	P	Y	Ş	A	M	P	U	A	N	N	I	P
S	R	P	U	P	A	Y	M	O	O	Z	G	G	E	K	E
P	F	D	I	F	J	N	Q	R	N	L	G	S	M	R	E
D	Z	T	Y	E	P	H	U	P	K	E	T	O	P	B	E
K	F	E	I	A	F	Z	O	Z	N	E	Z	G	R	J	T

CAZIBE
RENK
KOZMETİK
ZARAFET
ZARIF
KOKU
LÜTUF
RUJ
MAKYAJ
MASKARA
AYNA
YAĞLAR
FOTOJENİK
MAKAS
ŞAMPUAN
CILT
DÜZ
STİLİST

33 - To Fill

S	R	V	J	K	K	Y	U	O	T	E	P	E	S	Ç	V
A	Q	K	U	U	A	V	O	K	E	E	K	A	R	E	R
N	P	H	O	T	R	O	Z	U	V	Ş	P	M	E	K	I
D	P	P	S	U	T	M	A	B	Ü	I	E	S	C	M	A
I	Ç	I	F	I	O	V	V	T	K	Ş	C	U	I	E	H
K	L	A	B	F	N	O	C	I	Y	O	H	S	Y	C	A
P	V	E	I	V	Z	E	F	A	C	Z	G	F	G	E	V
A	U	J	N	K	Ç	A	N	T	A	O	A	R	Q	N	Z
K	B	B	K	L	A	S	Ö	R	Q	N	Y	R	J	R	A
E	H	A	G	A	G	T	G	B	Z	A	J	J	F	M	K
T	Q	I	V	V	N	Y	K	J	B	V	M	O	T	Ü	P
V	U	S	B	U	G	O	P	C	Y	A	F	P	E	R	Q
V	J	J	Z	Y	L	J	Q	H	H	K	S	K	F	Z	A
M	G	R	S	E	K	C	Y	B	B	Q	J	I	V	I	R
F	C	E	E	P	R	V	K	P	P	U	R	Q	Q	L	T
F	M	B	R	R	G	A	S	E	F	R	R	Z	R	S	Z

ÇANTA
FIÇI
HAVZA
SEPET
ŞIŞE
KUTU
KOVA
KARTON
SANDIK
ÇEKMECE
ZARF
KLASÖR
KAVANOZ
PAKET
CEP
BAVUL
TEPSI
KÜVET
TÜP
VAZO

34 - Clothes

G	S	I	V	P	P	İ	J	A	M	A	T	E	B	E	K
E	Ş	A	R	P	A	G	L	A	G	K	Ü	L	N	Ö	A
U	K	R	L	O	M	N	B	T	L	V	M	D	O	D	Z
V	R	Z	S	M	M	J	T	L	H	I	M	I	V	D	A
Y	J	L	Z	G	O	P	H	O	R	Y	T	V	B	J	K
H	S	H	L	L	G	D	P	V	L	U	H	E	L	K	A
B	I	L	E	Z	I	K	A	H	U	O	Z	N	U	K	U
D	D	V	K	Z	M	Ş	J	Y	Y	K	N	L	Z	O	M
B	Z	D	M	M	A	A	N	V	Q	D	N	E	A	L	F
S	K	L	F	P	J	P	C	V	K	B	E	R	C	Y	Z
K	E	L	M	Ö	G	K	E	K	T	L	R	E	E	E	R
E	E	S	R	U	U	A	P	E	L	F	A	M	K	P	B
T	A	K	I	B	A	K	K	A	Y	A	Z	E	E	E	T
E	D	S	H	B	C	C	V	K	K	O	T	K	T	R	Y
K	L	Y	Y	S	L	S	A	N	D	A	L	E	T	K	J
S	U	B	T	M	I	E	V	O	F	Y	S	N	G	L	I

ÖNLÜK
KEMER
BLUZ
BILEZIK
ELBISE
MODA
ELDIVENLER
ŞAPKA
CEKET
KOT
TAKI
KOLYE
PİJAMA
PANTOLON
SANDALET
EŞARP
GÖMLEK
AYAKKABI
ETEK
KAZAK

35 - Ethics

Ö	M	T	M	D	N	H	G	N	B	B	C	R	N	F	N
M	Z	E	S	J	H	F	A	E	İ	I	O	A	Q	E	D
G	Z	G	R	I	B	A	S	Z	R	L	M	S	L	L	H
V	S	L	E	H	A	E	H	A	E	G	Q	Y	R	S	A
E	E	Z	V	C	A	U	Y	K	Y	E	Q	O	T	E	Y
U	E	K	İ	M	I	M	Z	E	C	L	S	N	G	F	I
Q	P	İ	Ğ	S	O	L	E	T	İ	I	G	A	Y	E	R
B	Z	L	İ	L	K	U	I	T	L	K	H	L	Z	I	S
Ü	K	İ	L	V	S	K	J	K	İ	H	U	I	K	L	E
T	A	Ç	R	K	N	A	V	T	K	B	V	T	U	O	V
Ü	G	K	İ	T	A	M	O	L	P	İ	D	E	F	U	E
N	I	E	B	S	R	D	Ü	R	Ü	S	T	L	Ü	K	R
L	T	Ç	Ş	P	E	I	Y	I	M	S	E	R	L	I	K
Ü	S	R	İ	I	L	I	G	Y	A	S	M	O	D	Z	O
K	D	E	U	V	O	İ	N	S	A	N	L	I	K	T	Y
K	P	G	F	V	T	E	Y	I	S	Y	A	H	Q	L	E

ÖZGECILIK
HAYIRSEVER
MERHAMET
İŞBİRLİĞİ
HAYSIYET
DİPLOMATİK
DÜRÜSTLÜK
İNSANLIK
BİREYCİLİK
BÜTÜNLÜK
NEZAKET
IYIMSERLIK
SABIR
FELSEFE
RASYONALITE
GERÇEKÇİLİK
MAKUL
SAYGILI
TOLERANS
BILGELIK

36 - Insects

Ķ	N	M	I	P	L	B	M	Ç	A	Y	K	Q	S	D	U
E	A	V	Q	İ	A	K	A	E	Ğ	U	E	S	C	I	Ğ
N	C	R	A	R	R	L	N	K	U	S	Ç	İ	N	U	U
I	U	D	I	E	V	F	T	İ	S	U	I	V	O	I	R
S	L	Q	T	N	A	O	I	R	T	F	B	R	F	N	B
I	O	D	O	G	C	O	S	G	O	Ç	O	İ	G	I	Ö
R	S	L	T	Y	G	A	Z	E	S	U	Y	S	J	U	C
V	J	C	G	Ü	V	E	K	T	B	K	N	İ	N	K	E
I	Z	H	R	K	K	H	E	E	Ö	H	U	N	J	K	Ğ
S	E	Y	T	O	P	I	B	R	C	F	Z	E	T	N	I
H	I	D	K	L	Y	L	E	M	E	Ö	U	K	U	I	B
H	F	Z	G	V	J	M	L	İ	Ğ	G	B	R	R	N	G
A	V	U	F	R	E	A	E	T	İ	U	I	M	V	I	L
R	A	Z	D	D	İ	D	K	A	R	P	A	Y	C	P	K
I	Y	A	B	A	N	A	R	I	S	I	B	S	T	E	E
P	S	R	J	U	K	H	R	H	Q	Z	L	F	P	K	V

KARINCA
YAPRAKDİD
ARI
BÖCEK
KELEBEK
AĞUSTOSBÖCEĞİ
YUSUFÇUK
PİRE
SİVRİSİNEK
ÇEKİRGE
UĞUR BÖCEĞI
LARVA
KEÇIBOYNUZU
MANTIS
SIVRISINEK
GÜVE
TERMİT
YABAN ARISI
SOLUCAN

37 - Astronomy

T	Q	E	C	J	P	U	E	N	A	H	T	A	S	A	R
E	A	A	O	K	Y	D	D	Q	O	J	S	C	F	C	A
K	D	K	Y	E	Y	P	N	Y	S	P	P	H	Q	D	D
O	A	A	I	T	U	T	U	L	M	A	K	Q	F	L	Y
R	K	R	F	M	Z	F	J	Z	F	U	D	K	I	A	A
N	Ö	P	K	A	Y	D	O	Z	S	Y	E	J	J	S	S
S	G	O	J	E	A	I	U	Q	D	D	K	B	G	T	Y
C	P	T	D	G	N	S	L	U	Q	U	İ	J	Ö	R	O
B	U	L	U	T	S	U	T	D	O	D	N	M	K	O	N
D	G	E	Z	E	G	E	N	R	I	U	O	L	Y	N	Z
S	Ü	P	E	R	N	O	V	A	O	Z	K	T	Ü	O	D
T	E	L	E	S	K	O	P	F	J	N	S	J	Z	T	U
M	U	A	Q	R	S	J	F	F	Z	T	O	N	Ü	P	U
B	Y	J	D	E	Z	B	N	K	E	F	P	M	N	D	Z
O	Z	A	M	E	T	E	O	R	G	Ü	N	E	Ş	I	Z
B	B	L	J	K	Y	K	V	Z	U	T	K	R	F	P	C

ASTRONOT
ASTRONOM
TAKIMYILDIZ
TOPRAK
TUTULMA
EKİNOKS
GÖKADA
METEOR
AY
BULUTSU
RASATHANE
GEZEGEN
RADYASYON
ROKET
UYDU
GÖKYÜZÜ
GÜNEŞ
SÜPERNOVA
TELESKOP
ZODYAK

38 - Health and Wellness #2

A	P	M	L	O	V	A	S	U	S	U	Z	L	U	K	E
Ğ	E	A	B	M	İ	G	N	A	K	E	S	J	S	İ	N
I	N	Y	Y	Z	T	C	H	A	T	Ş	I	F	T	T	F
R	H	K	M	J	A	S	A	M	T	Y	T	R	Q	E	E
L	B	E	F	R	M	T	G	Z	G	O	B	E	S	N	K
I	B	J	Q	T	İ	R	O	L	A	K	M	M	K	E	S
K	R	K	K	U	N	M	Q	Z	D	F	G	İ	T	G	I
S	T	R	E	S	İ	H	A	S	T	A	L	I	K	K	Y
D	E	Q	E	I	J	R	E	N	E	D	C	L	A	U	O
H	I	Q	K	K	R	C	P	A	L	B	C	K	T	R	N
D	A	Y	E	Z	E	T	I	F	E	J	K	I	Y	T	H
P	S	S	E	E	L	J	G	P	A	C	U	L	B	A	I
A	F	C	T	T	A	G	Q	A	E	P	T	Ğ	K	R	J
I	V	L	G	A	S	Y	J	C	L	R	F	A	P	M	Y
L	L	H	O	G	N	T	G	Q	Q	U	G	S	E	A	E
T	U	N	Q	V	B	E	M	N	E	L	S	E	B	O	N

ALERJİ
ANATOMİ
IŞTAH
KAN
KALORİ
SUSUZLUK
DIYET
HASTALIK
ENERJI
GENETİK
SAĞLIKLI
HASTANE
HIJYEN
ENFEKSIYON
MASAJ
BESLENME
KURTARMA
STRES
VİTAMİNİ
AĞIRLIK

39 - Disease

B	M	B	B	C	V	S	A	Ğ	L	I	K	C	U	A	E
B	A	Y	K	O	Ü	A	L	E	R	J	İ	L	E	R	R
A	M	Ğ	I	Y	C	P	M	Z	I	O	F	L	G	R	P
K	Q	İ	I	F	U	E	R	T	G	Y	Z	U	T	I	N
T	K	T	R	Ş	T	K	K	G	U	G	R	S	Q	C	R
E	L	A	S	T	I	L	A	K	İ	L	T	İ	H	A	P
R	S	P	L	İ	C	K	İ	N	O	R	K	S	J	O	K
İ	O	O	A	P	I	T	L	F	K	E	E	N	H	U	E
Y	L	R	V	A	Ş	D	C	I	Z	L	Z	B	F	E	M
E	U	Ö	G	R	A	E	Y	Y	K	N	B	D	M	L	İ
L	N	N	E	E	L	U	Z	A	Z	E	F	D	O	O	K
C	U	V	N	T	U	K	A	Z	I	J	D	A	R	P	L
E	M	N	E	F	B	N	N	Z	E	O	C	M	D	S	E
G	Y	Z	T	P	E	K	Z	U	E	T	K	N	N	M	R
G	O	T	İ	F	E	B	Y	Y	V	A	E	T	E	M	I
N	A	S	K	H	Y	T	C	P	V	P	F	B	S	Q	B

AKUT
ALERJİLER
BAKTERİYEL
VÜCUT
KEMİKLER
KRONİK
BULAŞICI
GENETİK
SAĞLIK
KALP
KALITSAL
BAĞIŞIKLIK
İLTİHAP
LOMBER
NÖROPATİ
PATOJENLER
SOLUNUM
SENDROM
TERAPİ
ZAYIF

40 - Time

R	K	N	R	L	O	S	S	O	O	L	G	Ö	R	O	T
M	G	N	K	C	F	J	H	A	F	T	A	Ğ	K	T	F
E	E	V	S	M	B	U	G	Ü	N	P	E	L	N	L	M
R	H	A	Y	G	H	L	N	G	K	E	C	E	L	E	G
K	U	U	N	Q	D	D	R	S	G	O	C	B	N	H	E
E	N	A	S	B	H	A	B	A	S	Y	D	N	Q	V	R
N	N	A	N	V	G	K	K	G	A	H	I	Y	Ö	J	M
Y	L	S	O	Z	O	İ	H	A	Y	O	O	A	C	K	P
D	I	A	Q	Y	N	K	Q	N	H	Y	M	R	B	S	D
Ü	Y	L	G	Ü	N	A	M	I	V	K	A	T	A	A	S
N	Z	P	L	I	Y	N	O	A	O	Z	Z	Y	R	M	M
O	Ü	U	H	I	O	C	Q	F	H	F	Q	O	T	I	K
G	Y	U	Y	O	K	Z	E	G	V	M	P	P	E	H	Y
A	C	Y	A	K	I	N	D	A	G	E	C	E	E	S	F
Ş	I	M	D	I	K	S	Y	I	C	E	L	J	I	R	N
G	P	J	M	T	J	D	E	B	A	Y	I	L	S	D	N

YILLIK
ÖNCE
TAKVIM
YÜZYIL
GÜN
ON YIL
ERKEN
GELECEK
SAAT
DAKİKA
AY
SABAH
GECE
ÖĞLE
ŞIMDI
YAKINDA
BUGÜN
HAFTA
YIL
DÜN

41 - Buildings

P	M	V	T	C	Y	S	A	O	F	B	R	S	M	O	O
P	A	K	F	O	U	O	Q	D	K	C	M	T	Ü	Z	C
G	M	N	T	İ	Y	A	T	R	O	U	I	A	Z	A	H
C	E	B	S	Y	R	I	D	A	Ç	Y	L	D	E	C	J
G	N	Z	B	İ	K	A	L	E	H	Y	V	Y	G	Q	L
O	İ	V	I	R	Y	Q	S	E	H	I	D	U	A	Z	K
T	S	F	Q	A	Y	O	S	Z	H	S	R	M	Y	A	K
K	Q	T	S	S	G	S	N	A	M	T	R	A	P	A	A
U	E	J	F	A	T	S	D	T	B	P	I	U	E	G	B
L	H	O	A	T	E	L	Ç	İ	L	İ	K	M	Z	Q	İ
E	A	T	B	H	P	D	L	M	O	T	G	B	M	N	N
N	S	E	R	A	S	Ü	P	E	R	M	A	R	K	E	T
B	T	L	I	N	U	L	O	K	M	T	Q	Q	C	R	O
Y	A	J	K	E	T	I	S	R	E	V	I	N	Ü	B	B
R	N	R	A	V	U	T	A	R	O	B	A	L	I	V	J
L	E	L	Y	H	N	O	V	M	P	P	R	Z	J	T	B

APARTMAN
AHIR
KABİN
KALE
SİNEMA
ELÇİLİK
FABRIKA
HASTANE
PANSİYON
OTEL
LABORATUVAR
MÜZE
RASATHANE
OKUL
STADYUM
SÜPERMARKET
ÇADIR
TİYATRO
KULE
ÜNIVERSITE

42 - Gardening

T	O	P	R	A	K	U	S	O	K	T	P	P	P	D	R
Y	E	B	I	N	E	K	O	C	F	I	B	Y	O	A	M
A	T	U	E	I	Ç	T	B	Q	R	R	R	A	R	E	Z
P	T	Z	B	B	İ	K	O	M	P	O	S	T	H	E	V
R	S	J	J	N	Ç	M	U	T	R	O	H	K	B	Ç	T
A	D	L	G	P	K	E	E	V	T	M	G	E	O	B	E
K	O	L	L	V	H	N	Y	V	V	A	F	S	T	H	Y
K	O	N	T	E	Y	N	E	R	S	S	M	K	A	M	E
O	E	T	O	H	U	M	P	T	Y	İ	U	O	N	T	Ş
Y	E	N	I	L	E	B	I	L	I	R	M	T	İ	O	İ
B	O	U	S	M	Y	Q	Q	J	Y	M	I	L	K	I	L
U	S	J	T	H	Q	O	O	C	R	P	H	C	İ	T	L
K	U	M	F	D	J	J	C	Z	Z	A	R	S	D	K	İ
E	T	I	F	F	L	R	E	G	Z	O	T	I	K	C	K
T	N	G	V	V	G	E	O	L	D	P	R	S	Y	D	J
L	D	U	R	A	E	K	N	G	U	S	L	D	A	J	I

BOTANİK
BUKET
IKLIM
KOMPOST
KONTEYNER
KIR
YENILEBILIR
EGZOTIK
ÇİÇEK
YEŞİLLİK
HORTUM
YAPRAK
NEM
BAHÇE
MEVSİMLİK
TOHUM
TOPRAK
SU

43 - Herbalism

B	M	T	O	L	A	V	A	N	T	A	L	F	S	L	J
T	İ	A	F	Y	L	B	Q	C	K	I	R	E	Ç	I	P
M	Q	B	Y	I	I	T	D	M	T	G	E	S	B	E	R
U	S	P	E	D	P	T	S	N	Z	J	O	L	M	R	Y
E	C	J	N	R	A	U	U	I	E	A	E	E	E	R	H
S	D	F	A	S	İ	N	A	R	F	A	S	Ğ	R	U	G
A	Q	C	N	P	C	Y	O	P	D	N	N	E	C	A	M
R	L	I	U	S	E	N	E	Z	E	R	N	N	A	A	Y
I	Y	E	H	P	J	C	P	N	T	M	I	R	N	R	E
M	M	P	R	O	C	N	I	C	I	O	B	D	K	O	Z
S	E	R	A	O	K	O	K	S	L	L	A	U	Ö	M	Ç
A	N	T	T	Y	M	U	T	F	A	K	H	B	Ş	A	I
K	T	E	Z	Z	E	L	I	U	K	C	Ç	T	K	T	Ç
R	S	B	N	J	O	Ş	B	B	B	O	E	S	T	İ	E
Y	V	F	P	F	U	Q	I	L	A	D	Y	A	F	K	K
Z	B	T	J	B	M	P	R	L	F	C	C	D	F	L	N

AROMATİK
FESLEĞEN
FAYDALI
MUTFAK
REZENE
LEZZET
ÇIÇEK
BAHÇE
SARIMSAK
YEŞIL
IÇERIK
LAVANTA
MERCANKÖŞK
NANE
MAYDANOZ
BITKI
KALITE
BİBERİYE
SAFRAN
TARHUN

44 - Vehicles

M	K	U	I	K	H	R	P	S	F	M	E	U	F	B	G
P	O	A	A	V	R	E	L	K	İ	T	S	A	L	O	P
V	K	T	M	S	I	T	L	A	Z	İ	N	E	D	T	L
R	K	F	O	Y	T	T	I	İ	K	N	M	P	T	U	Z
G	Y	F	G	R	O	R	Ö	T	K	A	R	T	A	H	V
O	T	O	B	Ü	S	N	S	D	A	O	Y	O	K	U	A
U	K	L	H	C	J	P	G	L	Ç	P	P	K	S	A	N
F	E	R	İ	B	O	T	Z	F	U	O	F	T	İ	B	Q
Y	M	E	T	R	O	O	Y	R	Q	G	A	E	E	A	J
A	Q	E	P	D	C	B	K	F	U	S	C	L	I	R	S
Z	T	V	Y	F	N	F	A	L	E	T	H	K	K	A	Z
Q	M	U	F	K	B	U	C	C	A	S	U	I	H	Q	A
T	P	K	S	J	F	E	P	U	T	B	T	S	Q	L	Q
T	R	E	N	A	V	R	E	K	E	F	U	I	S	A	L
A	M	B	U	L	A	N	S	U	K	I	Q	B	B	U	K
O	K	S	T	J	T	H	F	R	O	K	E	T	A	R	G

UÇAK
AMBULANS
BISIKLET
BOT
OTOBÜS
ARABA
KERVAN
FERİBOT
HELİKOPTER
MOTOR
SAL
ROKET
DENİZALTI
METRO
TAKSİ
LASTİKLER
TRAKTÖR
TREN
KAMYON
VAN

45 - Flowers

T	Q	M	O	Ş	A	H	Ş	A	H	L	P	H	A	K	A
K	Q	B	R	A	Y	N	E	D	R	A	G	F	G	A	Y
Q	R	S	K	K	Y	V	V	O	Z	Z	M	N	I	R	Ç
Ç	K	İ	İ	A	S	A	I	R	E	M	U	L	P	A	İ
Y	A	G	D	Y	A	C	P	T	R	O	P	Z	T	H	Ç
Z	Y	R	E	I	J	N	B	R	C	A	Q	A	T	İ	E
S	L	E	K	K	T	O	U	N	A	V	B	M	A	N	Ğ
A	O	N	O	I	L	Y	K	A	C	K	Y	B	M	D	İ
L	N	F	I	R	F	S	E	L	K	A	A	A	L	İ	C
J	A	Z	V	P	I	E	T	I	R	L	S	K	H	B	E
N	M	V	Q	Q	M	L	L	S	E	Y	E	K	P	A	M
C	N	T	A	G	I	A	A	E	H	E	M	Z	Q	S	Ü
E	F	O	H	N	L	L	N	U	K	L	İ	B	A	P	G
M	F	F	D	V	T	P	B	O	L	C	N	R	A	C	E
Y	I	J	R	E	G	A	Y	T	A	P	A	P	G	T	B
P	P	P	N	I	K	H	L	B	D	F	E	C	K	J	E

BUKET
YONCA
NERGİS
PAPATYA
KARAHİNDİBA
GARDENYA
EBEGÜMECİ
YASEMİN
LAVANTA
LEYLAK
ZAMBAK
MANOLYA
ORKİDE
ÇARKIFELEK
ŞAKAYIK
YAPRAK
PLUMERIA
HAŞHAŞ
AYÇİÇEĞİ
LALE

46 - Health and Wellness #1

F	O	A	Y	I	K	L	R	K	R	A	Q	C	G	İ	V
R	U	L	E	T	Z	A	M	A	L	T	A	H	A	R	İ
C	T	T	G	F	U	G	S	G	P	İ	Z	V	V	E	R
S	D	V	D	G	H	M	R	L	Z	E	N	E	G	T	Ü
Y	Ü	K	S	E	K	L	I	K	A	T	U	İ	V	K	S
H	F	U	S	L	H	I	H	Q	F	R	G	R	K	A	Z
S	N	N	H	M	D	P	G	I	P	H	H	E	G	B	C
H	Q	I	V	A	D	E	T	H	Q	O	İ	L	A	Ç	B
G	E	K	I	L	Ç	A	L	F	T	R	S	K	D	E	K
I	D	T	U	R	H	C	I	E	H	M	İ	İ	Q	G	E
Z	J	E	E	T	Q	U	C	O	M	O	N	M	K	T	C
G	Q	J	G	R	O	T	K	O	D	N	İ	E	I	I	Z
D	K	I	L	N	A	K	Ş	I	L	A	R	K	R	Q	A
I	V	K	I	T	H	P	Z	M	O	O	L	A	I	I	N
L	Z	D	D	V	F	Z	İ	T	C	G	E	I	K	M	E
B	B	A	O	R	E	F	L	E	K	S	R	E	V	U	G

ETKIN
BAKTERİ
KEMİKLER
KLİNİK
DOKTOR
KIRIK
ALIŞKANLIK
YÜKSEKLIK
HORMON
AÇLIK
İLAÇ
KASLAR
SİNİRLER
ECZANE
REFLEKS
RAHATLAMA
CILT
TERAPİ
TEDAVI
VİRÜS

47 - Town

Z	F	Q	T	H	C	J	V	Z	E	A	K	L	T	O	K
Y	U	C	B	E	A	E	N	J	F	U	V	S	Q	S	Ü
I	M	C	O	R	L	V	P	K	V	L	J	E	C	Z	T
P	G	H	N	Q	T	S	A	U	F	A	G	U	B	J	Ü
M	U	Y	D	A	T	S	Q	L	P	J	N	Q	C	P	P
S	Ü	J	M	N	K	O	M	U	İ	R	E	L	A	G	H
Ü	S	Z	M	D	Y	I	A	K	A	M	R	I	O	J	A
P	Q	U	E	R	I	G	Ğ	O	A	G	A	N	C	C	N
E	H	J	S	T	Ç	Z	A	D	D	M	Q	N	B	S	E
R	O	P	S	S	P	H	Z	T	V	L	R	Z	I	S	T
M	O	P	A	Z	A	R	A	E	C	Z	A	N	E	İ	İ
A	T	R	E	S	T	O	R	A	N	F	P	Q	P	N	Y
R	E	K	P	P	İ	B	A	N	K	A	I	A	T	E	A
K	L	H	İ	Ç	K	E	Ç	İ	Ç	S	D	R	L	M	T
E	K	L	İ	N	İ	K	U	S	H	A	V	O	I	A	R
T	Ü	N	I	V	E	R	S	I	T	E	F	T	C	N	O

HAVALİMANI
FIRIN
BANKA
KİTAPÇI
SİNEMA
KLİNİK
ÇİÇEKÇİ
GALERİ
OTEL
KÜTÜPHANE
PAZAR
MÜZE
ECZANE
RESTORAN
OKUL
STADYUM
MAĞAZA
SÜPERMARKET
TİYATRO
ÜNIVERSITE

48 - Antarctica

A	A	G	R	Q	Y	B	L	C	O	G	O	S	F	V	Z
S	I	C	A	K	L	I	K	K	A	D	J	E	C	N	S
K	C	E	M	S	U	D	B	Q	M	V	H	F	T	U	Z
V	A	Z	U	B	K	A	D	A	L	A	R	E	S	T	P
R	M	C	R	L	U	F	L	Y	N	D	T	R	L	Q	P
Z	R	G	O	I	Ş	Y	N	F	P	A	R	K	T	U	Q
U	I	E	K	I	L	A	Y	A	K	M	G	R	O	S	S
S	T	K	L	K	A	D	E	R	C	I	U	B	P	F	C
F	Ş	O	E	L	R	I	H	Ğ	L	R	Q	U	O	J	J
J	A	Y	S	H	A	D	Y	O	T	A	G	Z	Ğ	Y	B
R	R	U	M	N	L	R	N	C	K	Y	Ö	U	R	O	V
I	A	D	I	S	T	V	E	R	V	E	Ç	L	A	N	V
S	I	P	L	E	U	B	K	N	V	C	K	L	F	H	U
F	R	T	I	C	L	A	J	R	İ	T	I	A	Y	M	A
F	O	Z	B	C	U	S	O	V	O	M	T	R	A	E	K
S	Y	D	F	B	B	S	N	Y	H	A	A	E	C	U	A

KOY
KUŞLAR
BULUTLAR
KORUMA
KITA
ÇEVRE
SEFER
COĞRAFYA
BUZULLAR
BUZ
ADALAR
GÖÇ
MİNERALLER
YARIMADA
ARAŞTIRMACI
KAYALIK
BILIMSEL
SICAKLIK
TOPOĞRAFYA
SU

49 - Ballet

F	Q	T	U	K	Y	Q	T	A	V	V	B	I	Q	K	K
E	L	D	M	I	T	K	U	L	N	U	Ğ	O	Y	B	O
Q	Y	N	I	Z	F	F	U	D	O	L	O	S	T	F	R
P	U	Q	K	Z	C	Z	Y	T	C	G	A	Q	N	N	E
G	R	E	N	D	Y	K	M	O	D	P	D	M	D	F	O
T	K	O	U	O	A	İ	T	R	İ	T	İ	M	L	K	G
A	A	Z	V	M	L	N	E	N	O	K	H	J	S	I	R
R	S	A	Q	A	A	K	S	S	H	O	G	L	A	Z	A
Z	L	R	Y	O	A	E	G	Ç	A	U	U	S	N	Ü	F
D	A	İ	L	Z	I	T	D	Ş	I	K	L	A	A	M	İ
V	R	F	B	E	S	T	E	C	I	L	N	M	T	E	T
C	T	I	I	S	E	Y	I	R	C	I	A	L	S	Y	S
U	Q	E	O	R	K	E	S	T	R	A	N	R	A	Q	D
B	A	L	E	R	İ	N	J	E	S	T	A	I	L	F	E
B	E	C	E	R	I	G	F	F	O	R	D	V	U	J	F
L	M	C	B	C	V	I	Z	F	G	H	V	U	D	Y	U

ALKIŞ
SANATSAL
SEYIRCI
BALERİN
KOREOGRAFİ
BESTECI
DANSÇILAR
ANLAMLI
JEST
ZARİF
YOĞUNLUK
KASLAR
MÜZIK
ORKESTRA
PROVA
RİTİM
BECERI
SOLO
TARZ
TEKNİK

50 - Fashion

P	T	J	U	I	Z	A	V	E	T	Ü	M	G	K	M	S
I	A	M	D	Q	F	A	Z	J	D	M	Ü	B	U	R	K
M	H	H	A	K	I	M	R	F	Z	O	Ç	K	M	Q	U
Q	A	S	A	P	D	I	N	I	N	D	L	P	A	D	L
B	R	S	Q	L	D	T	G	S	F	E	Ö	R	Ş	G	T
L	E	E	C	Y	I	T	D	J	K	R	M	A	I	R	A
F	R	O	T	L	M	H	D	Q	F	N	A	T	K	C	R
T	N	Y	P	B	N	E	S	E	D	D	K	I	A	P	Z
E	G	G	S	Z	F	J	O	M	A	H	I	K	N	D	M
D	A	H	T	J	P	L	Y	R	N	A	S	I	L	S	S
K	O	N	N	K	Y	A	K	İ	T	U	B	Z	J	R	A
J	M	K	G	L	P	P	U	P	E	M	Ğ	Ü	D	T	P
P	M	L	U	B	K	T	S	İ	L	A	M	İ	N	İ	M
H	M	S	Y	A	H	G	F	B	F	J	R	H	O	O	R
C	E	L	P	F	F	I	O	Q	F	A	Y	T	K	Z	J
G	Q	I	C	D	O	R	P	K	R	S	O	S	Z	Q	O

BUTİK
DÜĞME
RAHAT
ZARIF
NAKIŞ
PAHALI
KUMAŞ
DANTEL
ÖLÇÜM
MİNİMALİST
MODERN
MÜTEVAZI
ASIL
DESEN
PRATIK
TARZ
DOKU
AKIM

51 - Human Body

P	D	M	G	V	Ş	A	B	Q	R	Q	B	O	Q	N	K
A	S	C	I	L	T	Y	B	F	M	K	Q	D	I	Z	A
R	F	O	Z	K	M	A	B	F	S	Y	C	J	B	I	L
M	Z	Y	E	A	U	K	A	D	U	D	Y	S	N	Ğ	P
A	B	J	M	K	N	B	L	J	A	J	U	S	U	A	P
K	J	H	Y	E	U	I	J	T	L	L	P	S	R	P	K
E	U	K	C	M	Y	L	Y	O	O	K	Q	F	U	O	M
S	Y	Z	D	İ	O	E	N	E	Ç	G	L	A	B	B	E
R	G	K	P	K	B	Ğ	Z	L	B	K	R	K	I	O	H
I	Z	U	H	L	S	I	A	U	D	V	I	Z	G	A	V
D	K	T	J	E	T	E	N	N	K	G	Y	R	P	A	F
K	Z	Ü	Y	R	I	H	M	I	N	Y	K	C	D	I	L
A	U	D	E	Q	Z	Q	S	A	A	V	F	S	T	Y	Z
C	M	L	V	M	U	J	R	S	T	A	Z	G	N	S	M
A	O	E	A	N	U	K	P	B	S	I	U	P	L	E	J
B	Q	R	M	K	Z	A	M	I	J	C	Y	T	R	Z	V

AYAK BILEĞI
KAN
KEMİKLER
BEYIN
ÇENE
KULAK
DIRSEK
YÜZ
PARMAK
EL
BAŞ
KALP
DIZ
BACAK
DUDAK
AĞIZ
BOYUN
BURUN
OMUZ
CILT

52 - Musical Instruments

S	F	E	T	Ü	L	F	V	Z	F	Y	Q	P	R	A	J
M	T	A	E	J	P	O	U	H	M	A	E	İ	B	U	D
G	Y	M	G	N	O	G	R	U	A	E	O	Y	T	B	P
D	E	A	A	O	K	U	M	B	R	R	Z	A	S	O	K
B	S	D	B	B	T	T	A	I	İ	L	N	N	M	Ç	J
P	D	Q	N	M	P	E	U	N	M	T	S	O	P	N	U
H	B	U	H	O	D	N	P	C	B	F	J	V	R	A	S
Z	F	S	J	R	O	R	M	M	A	A	Y	F	C	B	L
M	S	I	P	T	G	A	T	N	O	F	A	S	K	A	S
Ç	G	S	O	I	İ	L	M	T	V	R	O	L	Z	I	Q
F	E	O	D	K	T	K	B	J	U	E	T	T	Y	K	E
T	A	L	L	J	A	M	A	N	D	O	L	İ	N	M	S
Y	V	P	L	U	R	G	I	D	F	T	H	O	A	U	L
C	I	A	L	O	V	P	R	O	N	J	K	Q	M	I	Y
N	L	E	O	M	R	D	A	V	U	L	T	D	E	L	H
T	C	G	D	C	F	J	B	R	F	P	B	K	K	B	Y

BANÇO
FAGOT
ÇELLO
KLARNET
DAVUL
BAGET
FLÜT
GONG
GİTAR
ARP
MANDOLİN
MARİMBA
OBUA
VURMA
PİYANO
SAKSAFON
TEF
TROMBON
TROMPET
KEMAN

53 - Fruit

I	U	L	K	B	J	A	T	K	R	G	A	H	K	A	Y
R	Y	İ	P	J	F	N	U	B	A	M	L	E	A	V	R
U	E	M	K	L	U	A	R	M	V	Y	V	H	V	O	I
D	I	O	F	R	P	N	U	T	A	S	I	C	U	K	H
Y	V	N	G	G	Z	A	N	O	U	Y	B	S	N	A	Y
Ü	Z	Ü	M	N	J	S	C	Z	G	Z	E	V	I	D	Q
S	E	G	F	Q	A	A	U	G	N	G	Z	Y	G	O	P
N	E	K	T	A	R	M	A	H	U	D	U	D	U	E	S
K	Y	Q	L	M	L	N	L	Z	B	C	G	R	Y	Y	P
Z	N	R	O	N	E	S	Y	R	C	F	Z	M	K	A	A
D	C	A	S	J	Z	D	G	U	G	L	J	U	K	R	P
P	E	V	D	V	I	Q	K	G	L	I	H	V	H	M	A
A	I	H	N	O	E	N	S	I	F	H	B	N	L	U	Y
C	Q	H	L	E	L	L	Y	A	R	İ	C	N	İ	T	A
Ş	E	F	T	A	L	I	E	I	Y	A	H	O	T	U	I
K	İ	V	İ	P	R	I	F	V	D	P	Z	U	M	D	Q

ELMA
KAYISI
AVOKADO
MUZ
DUT
KIRAZ
İNCİR
ÜZÜM
GUAVA
KİVİ
LİMON
MANGO
KAVUN
NEKTAR
TURUNCU
PAPAYA
ŞEFTALI
ARMUT
ANANAS
AHUDUDU

54 - Engineering

M	A	K	İ	N	E	G	J	B	O	Q	O	O	H	E	D
Ü	L	F	U	N	Q	J	L	L	O	Ç	A	P	M	G	F
Ç	J	T	K	O	C	E	H	P	E	Y	I	O	C	A	Q
L	T	H	Y	Y	L	N	M	T	K	G	U	V	B	C	H
Ö	U	J	I	M	A	C	A	S	S	V	F	T	B	C	Z
S	E	B	A	T	A	M	Z	N	E	G	L	I	L	G	I
D	A	Ğ	I	T	I	M	O	S	N	M	U	C	H	A	J
K	O	L	V	Ç	S	M	T	H	Ü	A	O	E	A	F	R
F	J	C	I	B	A	Y	G	E	K	R	O	T	O	M	E
K	M	V	S	K	B	G	R	S	U	G	T	G	V	B	N
Y	A	P	I	Q	N	Y	P	A	V	A	E	Ü	Q	E	E
D	E	R	I	N	L	I	K	P	V	Y	K	N	N	B	O
T	J	Q	I	S	I	Z	H	L	E	İ	E	B	Y	M	G
F	M	B	T	V	M	C	N	A	T	D	R	A	A	P	E
G	B	C	P	E	Z	C	F	M	O	L	A	E	G	E	Q
T	I	C	N	H	V	Z	B	A	P	H	H	C	G	M	T

AÇI
EKSEN
HESAPLAMA
DERINLIK
DİYAGRAM
ÇAP
MAZOT
BOYUTLAR
DAĞITIM
ENERJI
SÜRTÜNME
KOL
SIVI
MAKİNE
ÖLÇÜM
HAREKET
MOTOR
SEBAT
KUVVET
YAPI

55 - Kitchen

R	A	P	M	D	Z	E	Y	B	U	N	B	K	B	Ö	N
K	E	P	Ç	E	O	K	A	Z	A	N	A	A	U	N	Z
Ç	A	D	I	G	N	N	I	R	I	F	R	P	Z	L	K
B	A	Ç	U	L	A	P	D	A	T	P	D	E	D	Ü	V
S	R	T	I	R	V	P	U	U	A	Y	A	Ç	O	K	L
S	A	T	A	B	A	L	M	O	R	K	K	E	L	G	Z
G	G	V	Q	L	K	P	Z	I	A	U	I	T	A	B	N
Y	Z	M	H	A	L	P	U	S	H	G	C	E	B	U	H
S	I	D	M	K	I	A	A	B	A	Z	Z	U	I	K	L
C	H	Q	D	V	J	J	R	I	B	N	I	O	R	H	S
U	A	A	V	D	O	K	F	T	K	A	Ş	I	K	Y	Ü
Q	R	Y	B	S	U	K	S	M	Y	C	H	L	Q	D	N
P	Ü	M	Z	Y	Y	E	M	E	K	H	C	L	K	T	G
Q	S	F	D	A	L	L	G	F	K	J	V	F	O	Q	E
F	P	Z	P	E	Y	Z	O	M	U	L	G	Y	F	C	R
K	S	Z	G	M	I	B	E	K	G	C	R	Q	U	D	Z

ÖNLÜK
TAS
BARDAK
GIDA
ÇATALLAR
DONDURUCU
IZGARA
KAVANOZ
SÜRAHI
KAZAN
BIÇAK
KEPÇE
PEÇETE
FIRIN
BUZDOLABI
BAHARAT
SÜNGER
KAŞIK
YEMEK

56 - Government

B	T	A	S	A	Y	A	N	A	M	Ş	U	N	O	K	F
D	E	M	O	K	R	A	S	İ	N	A	E	S	G	F	V
G	L	Ş	O	I	J	B	N	V	U	I	U	L	U	S	H
P	V	I	O	L	Y	A	Y	A	N	P	T	O	C	U	U
Q	E	T	L	T	E	Ğ	Ö	T	A	O	E	B	D	T	Z
T	D	R	T	I	J	I	Z	A	K	A	S	M	S	H	U
I	Q	A	E	Ş	I	M	G	N	V	D	A	E	V	U	R
T	P	T	F	E	O	S	Ü	D	O	L	Y	S	G	R	L
U	P	F	E	F	T	I	R	A	S	İ	İ	O	B	D	U
A	D	A	L	E	T	Z	L	Ş	I	P	S	H	R	E	H
A	S	E	A	D	K	L	Ü	L	V	P	Q	L	R	Y	U
Y	Y	T	H	J	E	I	K	I	I	K	I	T	C	I	F
G	F	H	U	A	L	K	S	K	L	F	L	G	I	N	R
V	Y	J	M	H	B	R	J	G	Y	Q	V	L	F	D	O
S	M	T	P	R	V	M	N	S	F	K	F	I	O	G	R
L	İ	D	E	R	K	G	G	Q	I	M	Y	A	H	F	U

VATANDAŞLIK
SIVIL
ANAYASA
DEMOKRASİ
TARTIŞMA
MUHALEFET
EŞITLIK
BAĞIMSIZLIK
ADLİ
ADALET
KANUN
LİDER
ÖZGÜRLÜK
ANIT
ULUS
HUZURLU
SİYASET
KONUŞMA
DEVLET
SEMBOL

57 - Art Supplies

Y	A	R	A	T	I	C	I	L	I	K	F	M	H	J	M
Q	R	E	M	Q	F	E	I	E	I	H	T	Ü	M	B	T
A	E	L	L	A	E	L	Q	T	K	K	M	R	E	Z	A
D	M	R	F	K	S	M	U	S	K	N	Q	E	F	Z	U
K	A	İ	N	Â	T	A	R	A	E	E	G	K	I	G	L
Z	K	K	K	Ğ	U	U	S	P	F	R	K	K	R	G	Y
U	L	İ	Z	I	B	Y	T	M	K	L	V	E	Ç	O	Z
J	H	F	E	T	E	H	H	K	M	C	A	P	A	K	A
C	E	J	K	İ	L	İ	R	K	A	T	I	H	L	I	Y
G	R	Z	S	F	A	T	M	A	T	L	Y	H	A	M	O
N	D	L	A	Q	V	P	B	L	K	Q	A	C	R	U	B
Y	J	V	A	S	Ö	A	Z	E	D	D	Ğ	D	H	Q	U
I	I	V	T	İ	Ş	P	P	M	K	F	L	K	A	D	L
C	M	B	K	L	F	G	R	L	K	O	Q	J	B	N	U
H	Y	C	P	G	U	I	M	E	Y	L	A	D	N	A	S
L	L	J	Z	İ	Z	G	Q	R	P	Q	V	P	O	Y	N

AKRİLİK
FIRÇALAR
KAMERA
SANDALYE
KIL
RENK
YARATICILIK
ŞÖVALE
SİLGİ
TUTKAL
FİKİRLER
MÜREKKEP
YAĞ
KÂĞIT
PASTEL
KALEMLER
MASA
SU
SULUBOYA

58 - Science Fiction

A	S	O	H	A	O	R	A	L	P	A	T	İ	K	N	F
T	N	B	D	L	V	F	R	Z	M	K	Ş	E	U	P	A
O	O	L	L	D	A	A	J	I	R	I	U	I	L	K	N
M	Q	Z	T	L	U	T	E	N	A	H	E	K	R	I	T
İ	P	T	I	M	D	E	Y	E	L	D	Y	I	A	I	A
K	K	V	L	M	N	Ş	N	G	L	D	C	T	L	J	S
T	R	I	M	A	M	J	Z	E	A	V	H	S	N	O	T
K	A	A	E	Z	C	T	L	Z	S	D	P	I	O	L	I
Ü	L	H	Z	G	V	A	O	E	A	C	K	R	L	O	K
L	T	H	I	Y	J	M	V	G	Y	N	Z	Ü	K	N	H
V	O	O	G	Ö	K	A	D	A	M	V	E	T	U	K	Q
R	B	Z	P	Z	D	L	M	F	İ	N	B	Ü	A	E	E
O	O	B	R	Y	F	T	B	E	K	Z	D	F	D	T	Y
Z	R	Q	A	T	A	A	Y	A	N	I	L	S	A	M	A
D	Ü	N	Y	A	P	P	G	A	H	İ	L	A	Y	A	H
U	Z	S	Z	H	I	R	D	V	N	Z	S	R	S	E	M

ATOMİK
KİTAPLAR
KİMYASALLAR
SİNEMA
KLONLAR
PATLAMA
AŞIRI
FANTASTIK
ATEŞ
FÜTÜRISTIK
GÖKADA
YANILSAMA
HAYALİ
GIZEMLI
KEHANET
GEZEGEN
ROBOTLAR
TEKNOLOJI
ÜTOPYA
DÜNYA

59 - Geometry

F	F	I	H	F	H	Q	N	E	G	Ç	Ü	N	L	L	D
L	Y	R	E	L	T	I	K	U	E	R	E	H	O	V	A
I	Ü	F	S	U	F	U	T	J	M	C	A	H	D	M	I
F	K	K	A	I	B	Z	Y	V	T	A	İ	V	E	D	R
V	S	H	P	A	Ç	M	A	O	E	V	R	H	Ğ	G	E
V	E	G	L	E	P	P	D	E	B	M	T	A	R	V	M
U	K	G	A	Z	C	A	N	M	O	R	E	Z	I	Z	Y
M	L	T	M	E	L	K	N	E	D	I	M	V	Q	G	B
O	I	O	A	Q	E	Z	Z	F	S	J	İ	B	O	D	N
Y	K	I	T	N	A	M	H	A	J	R	S	M	R	Y	B
T	E	O	R	İ	Y	U	S	Ç	U	C	F	D	A	A	Ö
U	H	G	K	Z	U	Ü	K	I	U	T	D	Y	N	T	L
Ş	O	L	I	H	U	Q	Z	G	E	T	P	T	Z	A	Ü
O	R	D	B	Y	U	S	N	E	O	E	F	Z	V	Y	M
K	M	E	D	Y	A	N	M	P	Y	F	A	V	P	P	N
Q	V	U	P	S	U	B	H	L	D	O	D	R	G	D	D

AÇI
HESAPLAMA
DAIRE
EĞRI
ÇAP
BOYUT
DENKLEM
YÜKSEKLIK
YATAY
MANTIK

KITLE
MEDYAN
NUMARA
KOŞUT
ORAN
BÖLÜM
YÜZEY
SİMETRİ
TEORİ
ÜÇGEN

60 - Airplanes

P	A	A	R	E	C	A	M	F	E	S	U	B	R	D	T
E	Q	V	T	R	D	G	Z	J	T	R	K	T	V	E	Y
R	F	A	R	M	I	K	A	R	G	Ö	K	Y	Ü	Z	Ü
V	P	H	Z	N	O	L	A	B	L	J	I	I	I	E	V
A	D	I	Q	C	E	S	M	P	R	N	U	Y	T	N	Q
N	Z	R	Y	J	C	A	F	D	İ	D	H	J	T	H	H
E	A	A	O	F	K	F	K	E	N	L	Y	A	K	I	T
G	Y	T	L	D	R	E	S	S	R	G	O	E	I	H	T
G	Ö	V	C	U	O	M	I	R	A	S	A	T	N	İ	Ü
L	N	G	U	Y	Ü	K	S	E	K	L	I	K	I	D	R
M	Ü	R	E	T	T	E	B	A	T	E	R	N	Ş	R	B
M	N	J	U	J	T	K	Y	Z	P	A	F	M	C	O	Ü
R	O	V	B	S	M	R	A	I	K	C	D	I	G	J	L
Z	O	T	R	K	P	O	P	F	D	I	R	O	G	E	A
R	D	F	O	N	D	J	I	Y	B	O	R	L	Q	N	N
T	P	P	D	R	I	S	O	J	S	F	T	L	U	F	S

MACERA
HAVA
RAKIM
ATMOSFER
BALON
YAPI
MÜRETTEBAT
INIŞ
TASARIM
YÖN
MOTOR
YAKIT
YÜKSEKLIK
TARIH
HİDROJEN
YOLCU
PİLOT
PERVANE
GÖKYÜZÜ
TÜRBÜLANS

61 - Ocean

K	Y	K	I	L	A	B	Y	O	S	U	N	İ	D	B	T
A	B	F	A	N	I	T	R	I	F	P	V	S	A	B	K
P	I	A	R	R	R	O	M	I	Q	O	G	T	L	K	Z
L	S	V	Y	Z	İ	B	K	G	Y	S	F	İ	G	T	A
U	A	Ü	D	I	O	D	H	Y	U	R	D	R	A	A	H
M	N	E	N	J	L	Ç	E	G	N	E	Y	İ	L	C	N
B	A	D	A	G	V	A	V	S	U	P	P	D	A	T	C
A	Z	H	C	A	E	P	N	K	S	Q	Z	Y	R	P	C
Ğ	İ	I	R	H	L	R	P	B	O	C	H	E	U	M	I
A	N	J	E	T	I	Ğ	I	L	A	B	K	E	P	Ö	K
N	E	R	M	A	S	U	A	G	G	L	E	Z	C	U	T
I	D	E	O	P	Y	Q	H	C	E	O	I	M	K	R	C
L	L	S	U	O	G	K	I	G	L	B	L	Ğ	B	E	K
A	H	İ	P	T	B	E	J	B	G	T	G	D	I	R	P
B	P	F	H	O	N	I	H	L	İ	A	D	O	T	U	Z
Y	L	V	P	N	O	R	Q	I	T	S	M	L	K	G	A

YOSUN
BOT
MERCAN
YENGEÇ
YUNUS
YILAN BALIĞI
BALIK
DENİZANASI
AHTAPOT
İSTİRİDYE
RESİF
TUZ
KÖPEKBALIĞI
KARİDES
SÜNGER
FIRTINA
GELGİT
KAPLUMBAĞA
DALGALAR
BALINA

62 - Force and Gravity

H	M	Q	I	M	P	E	M	H	S	C	N	A	M	A	Z
A	A	V	S	O	N	S	F	T	A	Y	V	J	E	M	M
R	N	E	S	K	E	Y	O	U	G	E	P	H	R	G	E
E	Y	M	F	I	R	G	O	Q	N	Z	I	R	K	D	K
K	E	N	G	L	E	Y	Ö	R	Ü	N	G	E	E	A	A
E	T	Ü	G	R	L	E	S	N	E	R	V	E	Z	F	N
T	İ	T	I	I	N	G	E	N	I	Ş	L	E	M	E	İ
L	Z	R	C	Ğ	E	D	İ	N	A	M	İ	K	J	F	K
I	M	Ü	O	A	G	V	T	B	F	V	Q	B	Y	A	U
Q	A	S	D	R	E	Q	Q	A	Ü	L	Q	M	H	S	O
Q	D	M	F	İ	Z	İ	K	H	L	Y	R	T	K	E	N
U	V	G	I	J	E	I	I	I	I	F	Ü	Q	H	M	O
R	V	V	Ş	I	G	Z	H	T	G	K	G	K	S	I	M
K	P	I	E	B	A	S	I	N	Ç	V	G	R	L	Y	C
G	D	G	K	Ö	Z	E	L	L	İ	K	L	E	R	Ü	Q
F	O	L	R	R	R	O	Q	D	K	P	F	S	I	Z	K

EKSEN
MERKEZ
KEŞIF
MESAFE
DİNAMİK
GENIŞLEME
SÜRTÜNME
MANYETİZMA
BÜYÜKLÜK
MEKANİK
HAREKET
YÖRÜNGE
FİZİK
GEZEGENLER
BASINÇ
ÖZELLİKLER
HIZ
ZAMAN
EVRENSEL
AĞIRLIK

63 - Birds

P	Y	R	Z	B	J	G	G	D	Y	A	I	G	F	U	K
N	E	U	B	K	F	J	G	L	I	Ç	K	I	L	A	B
C	B	L	A	T	R	A	K	S	A	S	U	V	A	T	C
D	R	N	İ	C	R	E	V	Ü	G	G	G	A	M	N	V
V	E	F	A	K	B	A	T	R	U	M	U	Y	İ	Z	E
T	J	V	J	R	A	I	R	B	S	V	G	R	N	B	Q
I	B	N	E	U	G	N	E	P	D	Q	H	A	G	Y	Q
A	B	Z	L	K	B	E	N	S	D	Q	T	N	O	Ö	V
G	C	Z	V	E	U	M	A	E	I	O	V	A	R	R	Y
D	E	E	M	N	C	Ş	K	R	A	F	Y	K	G	D	E
L	R	D	A	D	P	S	U	Ç	G	K	U	Ğ	U	E	I
R	E	C	G	I	Y	R	T	E	R	L	R	H	Z	K	R
S	G	Y	Y	I	G	N	A	Ğ	A	P	A	P	K	A	Z
U	D	S	L	O	P	T	V	R	K	U	O	E	Q	L	P
Z	I	G	Z	E	A	M	U	S	D	U	E	F	U	Z	H
J	N	Q	Q	Z	K	C	K	I	S	Q	G	U	Y	P	R

KANARYA
TAVUK
KARGA
GUGUK
GÜVERCİN
ÖRDEK
KARTAL
YUMURTA
FLAMİNGO
KAZ
BALIKÇIL
DEVEKUŞU
PAPAĞAN
TAVUS
PELİKAN
PENGUEN
SERÇE
LEYLEK
KUĞU
TUKAN

64 - Politics

V	H	F	L	N	K	B	H	A	M	K	A	K	L	A	Q
T	J	J	H	H	R	Y	S	C	E	A	J	D	L	E	K
A	K	T	İ	V	İ	S	T	E	P	M	B	S	A	K	H
Ş	Ü	R	Ö	G	E	Y	P	T	D	P	Z	Z	M	Y	A
D	L	K	A	T	E	V	S	İ	Z	A	C	A	L	U	U
H	R	O	V	E	F	Q	I	K	B	N	Q	G	D	N	L
Ü	Ü	N	P	S	E	Ç	I	M	Z	Y	A	H	Z	U	F
K	G	S	S	O	N	T	G	L	R	A	C	Y	O	A	F
Ü	Z	E	T	E	L	P	O	P	Ü	L	E	R	L	İ	K
M	Ö	Y	R	Ş	A	I	C	A	K	İ	T	İ	L	O	P
E	V	Y	A	I	S	P	T	P	K	O	R	G	I	A	D
T	Y	G	T	T	U	P	G	I	S	L	T	R	B	M	V
R	L	E	E	L	L	Q	I	R	K	F	E	E	H	R	L
Y	I	C	J	I	U	F	B	P	E	A	N	V	E	I	V
Z	E	D	İ	K	D	Z	A	F	E	R	F	A	T	G	U
K	O	M	İ	T	E	C	R	Z	R	O	T	Y	O	O	Z

AKTİVİST
KAMPANYA
ADAY
SEÇIM
KOMİTE
KONSEY
EŞITLIK
ETİK
ÖZGÜRLÜK
HÜKÜMET
ULUSAL
GÖRÜŞ
POLITIKA
POLİTİKACI
POPÜLERLİK
STRATEJİ
VERGİ
ZAFER

65 - Nutrition

S	Z	S	Q	I	C	I	C	I	S	K	Y	D	K	K	O
İ	R	O	L	A	K	R	V	Ş	L	O	V	I	A	R	V
N	H	T	N	İ	S	K	O	T	E	F	S	Y	L	Z	K
D	F	N	Z	R	S	I	C	A	Z	L	P	E	I	R	N
İ	H	E	R	T	F	L	Q	H	Z	S	V	T	T	I	V
R	T	K	R	H	L	Ğ	D	I	E	D	Y	F	E	L	İ
İ	M	O	P	M	S	A	V	A	T	E	D	R	J	I	T
M	S	U	Y	N	A	S	D	B	M	N	İ	S	E	B	A
Y	Y	S	Y	J	J	N	Z	N	F	G	Q	P	K	E	M
P	R	O	T	E	İ	N	T	Q	O	E	Y	P	C	L	İ
O	S	I	V	I	L	A	R	A	I	L	C	T	V	I	N
T	R	A	Ğ	I	R	L	I	K	S	I	E	A	V	N	İ
N	Y	A	H	I	L	L	V	E	M	Y	Q	Z	P	E	C
F	D	E	H	L	R	Y	K	R	B	F	O	G	F	Y	V
S	A	Ğ	L	I	K	L	I	V	M	J	T	N	J	F	R
A	L	I	Ş	K	A	N	L	I	K	L	A	R	T	C	P

IŞTAH
DENGELI
ACI
KALORİ
DIYET
SİNDİRİM
YENILEBILIR
FERMANTASYON
LEZZET
ALIŞKANLIKLAR
SAĞLIK
SAĞLIKLI
SIVILAR
BESİN
PROTEİN
KALITE
SOS
TOKSİN
VİTAMİNİ
AĞIRLIK

66 - Hiking

Y	H	D	S	J	P	H	J	K	Y	V	D	U	V	N	Y
V	A	I	O	H	B	A	S	K	O	G	Z	D	B	Y	P
M	Z	Z	Y	Ğ	Z	Z	S	R	R	U	U	H	J	S	Y
K	A	U	G	F	A	I	I	E	G	F	U	J	L	R	Z
F	H	A	Y	N	E	R	İ	T	U	C	O	A	H	E	Y
E	F	F	A	O	L	L	Ş	E	N	Ü	G	Y	O	S	M
Y	A	M	Q	U	R	I	H	L	Ğ	A	D	B	P	H	R
N	L	K	I	R	S	K	A	P	R	A	L	K	R	A	P
D	E	U	Y	Y	F	R	V	U	A	R	C	P	A	V	N
O	R	Y	A	N	T	A	S	Y	O	N	E	C	O	A	L
B	N	Q	T	R	N	L	R	E	I	N	N	F	Z	T	U
C	E	O	Y	A	R	E	L	E	K	İ	L	H	E	T	M
C	N	O	J	L	Q	E	R	A	L	N	A	V	Y	A	H
F	Y	U	Q	Ş	U	D	F	M	I	U	A	L	E	R	M
F	A	F	D	A	Ğ	I	R	G	M	U	R	U	Ç	U	Z
H	A	R	İ	T	A	A	B	A	P	M	S	V	H	M	R

HAYVANLAR
UÇURUM
IKLIM
TEHLİKELER
AĞIR
HARİTA
DAĞ
DOĞA
ORYANTASYON
PARKLAR
HAZIRLIK
TAŞLAR
TOPLANTI
GÜNEŞ
YORGUN
SU
HAVA
VAHŞİ

67 - Professions #1

T	S	İ	N	A	Y	İ	P	J	D	A	N	S	Ç	I	A
J	E	R	I	Ş	M	E	H	E	E	G	Q	F	O	A	V
K	A	R	Y	U	G	M	J	S	D	O	P	V	O	V	C
O	S	D	Z	Y	T	F	L	Z	L	İ	L	P	N	U	I
Ç	T	O	R	I	C	A	K	N	A	B	T	O	D	K	A
D	R	K	E	C	A	R	B	B	I	E	F	Ö	G	A	G
L	O	T	N	A	L	D	M	Ü	V	G	F	M	R	T	Q
F	N	O	İ	T	B	L	E	Y	P	R	O	U	F	M	K
E	O	R	R	I	Y	A	D	Ü	R	Q	P	I	J	T	Y
K	M	T	E	R	L	F	U	K	K	U	Y	U	M	C	U
T	I	Ç	T	A	S	I	S	E	T	T	Q	G	O	I	D
L	Z	A	E	H	F	G	O	L	O	K	İ	S	P	P	I
H	Z	C	V	J	H	U	V	Ç	N	A	Z	V	O	M	Y
Z	L	D	R	U	N	U	D	İ	C	Z	İ	N	E	D	I
Z	Y	N	B	F	D	O	S	E	A	A	E	P	D	T	R
M	Ü	Z	İ	S	Y	E	N	C	U	P	T	M	F	P	N

BÜYÜKELÇİ
ASTRONOM
AVUKAT
BANKACI
HARITACI
KOÇ
DANSÇI
DOKTOR
EDİTÖR
JEOLOG
AVCI
KUYUMCU
MÜZİSYEN
HEMŞIRE
PİYANİST
TESISATÇI
PSİKOLOG
DENİZCİ
TERZI
VETERİNER

68 - Barbecues

L	A	Ç	L	I	K	A	C	I	S	J	S	U	N	K	E
F	D	K	D	I	B	E	R	N	J	D	I	Y	V	D	C
M	I	V	I	J	E	T	V	A	I	L	E	O	L	B	T
M	G	M	T	Y	M	S	G	Ğ	G	T	U	G	F	F	M
E	O	Y	Z	T	Z	Ü	T	O	H	B	F	A	Z	Z	M
Y	C	C	Ç	H	M	Q	Z	S	K	I	E	B	J	D	S
V	K	K	B	A	O	U	E	I	L	Ç	T	A	V	U	K
E	I	Q	N	J	T	J	I	S	K	A	A	P	Y	D	C
C	K	S	M	K	I	A	T	V	G	K	U	Z	A	O	P
Y	V	Q	C	A	R	A	L	N	U	Y	O	Y	Z	L	K
I	D	R	A	L	A	T	A	L	A	S	P	G	F	Z	F
T	G	J	R	E	L	S	E	T	A	M	O	D	T	C	O
F	V	R	A	L	Ş	A	D	A	K	R	A	S	U	L	Q
Z	Q	Q	G	Ç	O	C	U	K	L	A	R	D	Z	D	Y
C	H	Y	Z	S	E	B	Z	E	L	E	R	V	I	F	O
B	Q	Q	I	K	U	V	D	T	Y	P	H	Y	A	Q	C

TAVUK
ÇOCUKLAR
AILE
GIDA
ÇATALLAR
ARKADAŞLAR
MEYVE
OYUNLAR
IZGARA
SICAK
AÇLIK
BIÇAK
MÜZIK
SOĞAN
SALATALAR
TUZ
SOS
YAZ
DOMATESLER
SEBZELER

69 - Chocolate

G	H	Y	N	Y	C	M	O	T	Z	Q	I	G	V	I	C
O	M	S	P	K	D	G	S	E	K	E	M	E	Y	S	D
A	K	I	V	M	J	C	D	Z	O	I	I	R	O	U	J
R	T	A	T	A	A	N	A	Z	B	C	T	F	P	P	E
O	A	C	D	J	V	V	M	E	Z	A	C	O	I	F	T
M	T	L	E	Z	Z	E	T	L	I	N	Q	R	Z	J	I
A	L	K	A	L	O	R	İ	G	M	E	T	N	J	G	Ç
M	I	K	P	B	M	E	L	Z	Ö	E	T	Q	P	F	E
L	C	M	U	B	Z	K	I	J	N	G	R	V	V	H	R
B	V	N	M	H	K	E	T	I	L	A	K	Y	O	E	I
Z	P	D	N	U	I	Ş	F	A	V	O	R	I	J	T	K
A	N	T	İ	O	K	S	İ	D	A	N	G	L	F	Y	Y
E	P	Z	T	P	Y	H	M	K	C	T	S	H	R	C	G
M	M	L	Z	I	R	N	A	R	K	A	R	A	M	E	L
G	Y	L	C	L	U	S	R	M	J	V	R	O	C	A	G
J	F	D	N	T	K	A	K	A	O	Q	E	T	O	Z	V

ANTİOKSİDAN
AROMA
ZANAAT
ACI
KAKAO
KALORİ
KARAMEL
ÖZLEM
LEZZETLI
EGZOTIK
FAVORI
LEZZET
IÇERIK
TOZ
KALITE
ŞEKER
TATLI
TAT
YEMEK

70 - Vegetables

Z	L	E	Q	N	O	A	A	B	G	I	F	J	K	F	J
E	T	İ	L	O	K	O	R	B	E	N	Z	E	Z	U	Y
Y	Z	P	I	L	A	H	I	A	Q	Z	O	O	O	Z	S
T	Ç	Y	F	B	B	A	H	T	H	Z	E	L	V	U	O
I	U	Y	E	M	A	N	T	A	R	T	K	L	R	B	Ğ
N	V	P	C	F	K	Z	S	L	K	M	E	U	Y	V	A
K	A	R	N	A	B	A	H	A	R	M	R	F	T	E	N
M	H	U	E	K	I	G	L	S	H	K	E	A	S	P	A
Q	A	T	Z	S	E	T	A	M	O	D	V	Q	I	D	C
F	E	Y	R	I	A	R	K	V	S	M	İ	L	U	U	I
Z	M	G	D	R	Q	R	L	O	L	N	Z	Q	V	Z	L
S	C	K	U	A	Q	K	I	L	A	T	A	L	A	S	T
Z	R	I	E	S	N	B	G	M	Ş	A	L	G	A	M	A
Z	K	C	V	U	C	O	F	V	S	E	F	G	F	T	P
I	S	P	A	N	A	K	Z	J	P	A	D	Y	T	K	Z
E	N	G	İ	N	A	R	K	B	P	O	K	A	N	R	R

ENGİNAR
BROKOLİ
HAVUÇ
KARNABAHAR
KEREVİZ
SALATALIK
PATLICAN
SARIMSAK
ZENCEFIL
MANTAR

ZEYTIN
SOĞAN
MAYDANOZ
BEZELYE
KABAK
TURP
SALATA
ISPANAK
DOMATES
ŞALGAM

71 - Boats

Ş	D	P	D	G	Q	Z	K	A	N	O	A	A	D	F	O
A	E	S	E	J	Q	Y	M	U	P	F	U	M	A	E	B
M	N	U	T	A	B	E	T	T	E	R	Ü	M	L	R	B
A	İ	N	A	U	K	L	A	S	V	Z	F	B	G	İ	N
N	Z	A	Y	S	N	K	O	D	V	S	D	B	A	B	H
D	E	Y	N	P	D	E	I	Y	P	C	A	Z	L	O	A
I	M	K	N	T	Z	N	U	C	D	N	J	N	A	T	T
R	O	O	E	T	U	L	T	I	R	R	U	B	R	D	F
A	N	R	H	R	D	İ	L	F	P	B	İ	E	G	I	P
P	J	A	I	O	İ	Ç	A	P	A	Y	C	F	B	Ö	L
B	O	U	R	T	I	D	D	E	N	I	Z	G	B	V	L
I	B	Y	B	O	N	M	G	B	E	L	İ	A	I	F	B
R	Z	E	Y	M	F	O	V	E	I	C	N	Z	D	G	F
A	Z	G	J	Z	P	G	J	D	Q	C	E	R	R	U	H
B	Y	M	H	G	G	E	L	G	I	T	D	E	F	D	P
T	G	Q	N	J	D	H	G	Y	K	B	S	I	T	H	B

ÇAPA
ŞAMANDIRA
KANO
MÜRETTEBAT
DOK
MOTOR
FERİBOT
GÖL
DİREK
DENİZ
OKYANUS
SAL
NEHIR
IP
YELKENLİ
DENİZCİ
DENIZ
GELGIT
DALGALAR
YAT

72 - Activities and Leisure

B	D	A	L	I	Ş	V	O	L	E	Y	B	O	L	Ş	H
Q	A	H	B	Z	F	E	B	Q	K	C	J	M	H	Ü	O
M	M	H	Q	Z	J	J	H	G	P	N	Y	V	K	Y	B
M	A	T	Ç	D	A	Y	G	L	J	N	Y	Y	K	Ü	İ
Z	Y	E	E	I	C	I	T	A	L	T	A	H	A	R	L
Z	O	N	C	Z	V	S	S	Y	J	B	C	K	E	Ü	E
G	B	İ	C	J	J	A	A	K	F	R	Ö	S	U	Y	R
O	D	S	L	R	R	F	N	B	U	U	B	U	E	Y	A
L	C	N	O	J	J	A	H	L	T	J	T	A	N	A	S
F	L	O	B	Z	Y	E	B	A	I	G	T	B	A	E	L
B	L	N	T	Z	B	J	D	G	R	K	I	F	O	O	N
R	O	S	E	Y	A	H	A	T	E	T	M	E	K	L	Y
T	Y	K	K	I	L	I	Ç	K	I	L	A	B	U	V	A
J	C	Y	S	V	M	H	E	Z	T	A	C	R	R	E	Y
K	M	U	A	V	M	C	V	R	Z	V	P	B	S	C	F
H	M	J	B	Y	Ü	Z	M	E	A	P	U	V	Y	I	F

SANAT
BEYZBOL
BASKETBOL
BOKS
DALIŞ
BALIKÇILIK
BAHÇIVANLIK
GOLF
YÜRÜYÜŞ
HOBİLER
BOYAMA
RAHATLATICI
FUTBOL
SÖRF
YÜZME
TENİS
SEYAHAT ETMEK
VOLEYBOL

73 - Driving

O	Y	G	A	Z	U	D	L	F	N	E	J	V	V	J	O
A	O	V	H	P	C	A	İ	E	R	Y	D	R	K	K	R
T	L	Ü	C	Ü	R	Ü	S	V	L	E	H	C	D	O	L
C	E	Y	E	P	Z	V	A	F	N	F	N	H	A	I	U
K	Q	H	D	R	R	H	N	H	M	R	O	L	T	N	Q
T	I	Y	L	R	J	N	S	V	O	D	Y	L	E	Z	H
Q	L	R	O	I	P	O	L	İ	S	M	M	T	L	R	E
H	D	C	R	N	K	S	Y	V	Q	S	A	Ü	K	R	M
C	G	M	R	Z	İ	E	G	E	V	K	K	N	İ	P	N
F	N	D	R	I	F	S	A	T	M	A	E	E	S	P	İ
Y	A	Y	A	B	A	G	R	T	Q	Z	T	L	O	D	Y
D	B	G	U	B	R	O	A	M	İ	A	A	M	T	J	E
K	A	C	Z	O	T	P	J	L	H	R	O	T	O	M	T
Z	R	C	S	T	F	C	E	T	I	K	A	Y	M	V	E
A	A	S	V	T	G	N	N	R	Z	U	S	H	U	D	E
O	L	K	F	E	B	Y	F	D	N	Q	H	R	C	B	Z

KAZA
FRENLER
ARABA
TEHLİKE
SÜRÜCÜ
YAKIT
GARAJ
GAZ
LİSANS
HARİTA
MOTOR
MOTOSİKLET
YAYA
POLİS
YOL
EMNİYET
HIZ
TRAFİK
KAMYON
TÜNEL

74 - Biology

N	V	R	M	H	G	Q	Z	L	A	K	L	H	R	Y	S
Ö	I	D	U	I	H	U	K	H	H	N	O	M	R	O	H
R	K	V	T	U	E	N	E	P	I	O	A	P	S	R	U
O	D	B	A	M	R	I	N	I	S	I	D	T	O	H	U
N	S	M	S	G	R	Z	Z	E	A	N	T	Y	O	F	Z
B	V	K	Y	P	K	U	İ	R	E	T	K	A	B	M	S
B	I	Z	O	R	M	R	M	I	R	V	E	A	I	O	İ
Z	A	P	N	Q	N	E	A	Y	D	A	S	F	P	Z	S
F	O	T	O	S	E	N	T	E	Z	O	P	Y	M	O	O
P	E	B	J	P	G	İ	K	R	D	Y	Ğ	B	V	M	İ
S	L	Q	B	A	N	E	O	C	F	İ	K	A	İ	O	B
V	F	Q	A	N	Ü	T	L	Ü	L	R	S	M	L	R	M
S	Q	V	V	İ	R	O	A	H	V	B	C	D	E	K	Y
D	F	M	Q	S	Ü	R	J	C	R	M	S	S	M	U	S
O	Z	M	O	S	S	P	E	F	Y	E	G	L	E	L	D
B	Y	R	S	J	V	E	N	R	F	C	G	K	M	G	Y

ANATOMİ
BAKTERİ
HÜCRE
KROMOZOM
KOLAJEN
EMBRİYO
ENZİM
EVRIM
HORMON
MEMELİ
MUTASYON
DOĞAL
SINIR
NÖRON
OZMOS
FOTOSENTEZ
PROTEİN
SÜRÜNGEN
SYMBİOSİS
SİNAPS

75 - Professions #2

F	O	T	O	Ğ	R	A	F	Ç	I	D	A	C	Z	Z	D
Ö	Ğ	R	E	T	M	E	N	U	Ç	E	S	I	T	O	İ
G	A	Z	E	T	E	C	I	I	T	D	T	L	Q	O	L
P	İ	L	O	T	H	I	G	L	F	E	R	L	O	L	B
A	J	O	B	K	R	Y	Q	B	I	K	O	A	C	O	İ
B	Q	O	U	Q	B	O	S	R	Ç	T	N	U	R	G	L
K	Ü	T	Ü	P	H	A	N	E	F	İ	O	O	S	T	İ
G	O	L	O	Y	İ	B	T	Z	T	F	T	I	C	U	M
Z	P	M	Z	Q	N	A	S	I	D	N	E	H	Ü	M	C
D	J	A	Z	C	Z	H	C	Ç	E	U	C	P	U	F	İ
B	O	Z	Y	C	K	Ç	M	E	T	F	M	E	Y	P	N
R	E	S	S	A	M	I	J	Y	R	O	T	K	O	D	N
H	S	V	C	T	N	V	H	U	T	R	D	I	Ş	Ç	I
F	F	E	Q	O	B	A	J	D	D	L	A	P	B	D	V
O	Z	O	P	C	U	N	I	Y	J	Z	P	H	K	J	D
A	L	E	V	O	O	P	F	İ	L	O	Z	O	F	N	J

ASTRONOT
BİYOLOG
DIŞÇI
DEDEKTİF
MÜHENDIS
ÇIFTÇI
BAHÇIVAN
ÇIZER
MUCIT
GAZETECI
KÜTÜPHANE
DİLBİLIMCİ
RESSAM
FİLOZOF
FOTOĞRAFÇI
DOKTOR
PİLOT
CERRAH
ÖĞRETMEN
ZOOLOG

76 - Emotions

C	H	Z	R	P	M	E	P	L	C	M	G	K	S	S	G
N	A	J	B	D	Y	E	A	Y	I	A	A	U	E	Ü	N
Y	U	S	T	L	B	U	P	K	U	N	Q	L	V	R	V
P	U	N	A	B	F	L	B	K	O	R	K	U	İ	P	K
J	R	A	M	J	İ	T	A	P	M	E	S	L	N	R	D
U	P	T	A	E	V	Q	R	N	S	V	U	T	Ç	İ	Z
J	Q	Z	L	T	M	C	I	J	K	Q	Z	U	M	Z	I
Q	R	M	T	I	O	M	Ş	Z	B	K	I	M	N	H	H
S	Z	I	A	R	E	L	B	P	I	S	P	P	N	E	U
Y	Y	T	H	A	S	S	A	S	İ	Y	E	T	E	Y	Z
H	U	N	A	Ş	K	U	Ü	R	U	V	K	Z	Z	E	U
N	V	I	R	H	J	U	Z	Z	A	Z	F	D	A	C	R
S	M	K	L	I	I	M	D	I	Ü	H	Ö	A	K	A	U
B	M	I	N	N	E	T	T	A	R	N	A	L	E	N	D
U	M	S	S	A	K	I	N	G	Y	U	T	T	T	L	T
G	Z	Q	D	E	R	M	E	Y	O	G	U	Ü	Y	I	I

ÖFKE
MUTLULUK
SIKINTI
SAKIN
HEYECANLI
KORKU
MINNETTAR
SEVİNÇ
NEZAKET
AŞK
BARIŞ
RAHAT
RAHATLAMA
ÜZÜNTÜ
MEMNUN
SÜRPRİZ
SEMPATİ
HASSASİYET
HUZUR

77 - Mythology

N	K	K	N	S	A	V	A	Ş	Ç	I	U	E	J	P	R
K	D	Ü	M	U	Q	C	S	R	F	T	O	S	T	P	T
P	K	L	J	F	M	I	R	I	D	L	I	Y	Q	B	A
J	S	T	B	E	S	U	H	U	Z	E	P	L	Ü	F	A
M	K	Ü	N	A	D	T	N	E	R	İ	B	A	L	K	M
D	N	R	A	C	G	O	D	E	E	A	C	R	M	F	I
G	Ö	K	G	Ü	R	Ü	L	T	Ü	S	Ü	J	Ü	E	N
U	S	I	T	Ş	K	U	V	V	E	T	E	O	L	L	T
D	C	T	R	I	O	H	Q	J	S	Z	Y	P	Ö	A	I
A	G	A	M	L	I	K	A	H	R	A	M	A	N	K	K
V	G	R	P	I	N	A	N	Ç	G	Y	D	L	Y	E	A
R	F	A	P	T	C	A	N	A	V	A	R	H	E	T	M
A	L	Y	F	A	Ö	L	Ü	M	S	Ü	Z	L	Ü	K	N
N	G	D	T	R	K	I	S	K	A	N	Ç	L	I	K	O
I	T	G	C	A	E	F	S	A	N	E	M	T	N	L	B
Ş	D	O	G	Y	C	E	N	N	E	T	I	R	I	J	R

NUMUNE
DAVRANIŞ
INANÇ
YARATILIŞ
YARATIK
KÜLTÜR
FELAKET
CENNET
KAHRAMAN
ÖLÜMSÜZLÜK

KISKANÇLIK
LABİRENT
EFSANE
YILDIRIM
CANAVAR
ÖLÜMLÜ
INTIKAM
KUVVET
GÖK GÜRÜLTÜSÜ
SAVAŞÇI

78 - Agronomy

F	T	E	H	H	E	M	B	D	T	R	B	N	L	L	H
A	O	I	J	O	R	G	A	N	İ	K	A	D	I	S	E
R	H	S	E	B	Z	E	L	E	R	C	I	O	C	C	Y
A	U	H	A	S	T	A	L	I	K	L	A	R	C	E	S
Ş	M	B	K	I	R	L	I	L	I	K	I	G	J	M	E
T	I	N	Ü	V	V	Y	D	K	N	L	K	J	I	T	K
I	R	E	Q	Y	Y	O	Ç	E	V	R	E	Z	F	D	A
R	A	J	I	N	Ü	T	T	R	L	P	C	J	A	E	A
M	T	Q	D	M	Y	M	Y	O	K	U	M	A	K	K	E
A	G	Ü	B	R	E	N	E	F	H	S	I	K	Q	O	R
B	J	U	U	O	I	B	H	B	S	L	P	I	B	L	O
L	C	J	P	B	A	J	A	A	G	K	A	R	F	O	Z
B	İ	T	K	İ	L	E	R	O	B	A	Y	S	Q	J	Y
B	I	L	I	M	I	F	G	E	U	Z	F	A	V	İ	O
F	N	A	G	H	N	B	U	G	N	G	Y	L	R	B	N
E	B	Q	H	P	N	C	Z	J	C	E	P	V	O	U	J

TARIM
HASTALIKLAR
EKOLOJİ
ENERJI
ÇEVRE
EROZYON
GÜBRE
GIDA
BÜYÜME
ORGANİK
BİTKİLER
KIRLILIK
YAPIM
ARAŞTIRMA
KIRSAL
BILIM
TOHUM
OKUMAK
SEBZELER
SU

79 - Hair Types

E	R	Y	O	R	K	A	H	V	E	R	E	N	G	I	G
I	T	Y	L	E	K	S	U	A	K	I	G	I	A	Q	Ü
I	N	C	E	N	R	I	P	Z	Y	I	R	Ş	H	D	M
L	I	C	U	K	A	K	G	Q	U	I	İ	I	B	Z	Ü
K	L	R	Ü	L	Ü	G	R	Ö	C	N	S	R	L	C	Ş
I	A	Z	G	İ	N	M	C	L	S	T	Z	A	Y	E	B
L	K	Z	R	O	R	U	T	K	J	C	A	S	V	D	G
Ğ	J	C	Ö	J	Y	C	R	A	U	L	F	A	U	A	Y
A	O	B	G	Z	V	S	N	L	I	R	R	M	L	L	A
S	E	H	K	T	K	B	T	R	T	Q	U	N	Q	G	N
Q	B	L	T	A	H	J	K	A	Ş	U	M	U	Y	A	L
K	I	V	I	R	C	I	K	P	U	F	M	T	D	L	F
Q	I	S	R	H	O	L	C	C	B	U	Y	N	P	I	G
I	S	E	B	N	G	B	Z	S	B	O	P	Q	S	S	D
Q	B	M	B	L	C	B	U	S	Q	M	F	J	R	H	P
U	B	T	N	A	B	K	J	N	H	A	F	K	S	L	N

KEL
SIYAH
SARIŞIN
ÖRGÜLÜ
ÖRGÜ
KAHVERENGI
RENKLİ
KIVIRCIK
KURU
GRİ
SAĞLIKLI
UZUN
PARLAK
KISA
GÜMÜŞ
YUMUŞAK
KALIN
INCE
DALGALI
BEYAZ

80 - Garden

E	D	I	H	P	J	N	L	K	B	J	J	C	I	Z	O
N	M	Z	Q	O	A	N	B	A	C	U	E	J	F	B	N
T	V	B	V	P	R	Q	H	S	G	H	S	M	R	O	V
G	F	L	F	P	A	T	E	L	Ö	G	A	Q	V	U	J
T	R	Q	C	Q	G	I	U	R	Z	N	R	M	S	O	K
G	I	N	C	R	O	Ç	S	M	G	A	E	G	A	K	Ü
T	R	A	M	B	O	L	İ	N	S	D	T	O	I	K	R
F	N	T	Q	E	R	O	F	N	K	N	A	B	R	E	E
H	E	A	V	E	L	Q	Y	D	N	A	S	M	A	Ç	K
G	C	H	D	L	A	K	V	J	T	R	R	M	L	I	Ç
I	B	L	F	E	S	Z	N	O	K	E	U	P	T	Ç	I
F	L	G	M	C	P	L	G	G	B	V	B	G	O	C	M
Z	T	J	O	J	V	M	E	Ç	H	A	B	H	U	T	E
E	V	O	B	S	A	T	T	A	G	G	R	E	J	M	N
O	P	P	A	Ğ	A	Ç	F	L	U	K	M	O	K	O	H
J	K	N	M	L	L	Z	K	I	M	R	I	T	Q	T	Y

BANK
ÇALI
ÇIT
ÇIÇEK
GARAJ
BAHÇE
ÇIMEN
HAMAK
HORTUM
GÖLET
VERANDA
TIRMIK
KÜREK
TOPRAK
TERAS
TRAMBOLİN
AĞAÇ
ASMA
OTLAR

81 - Diplomacy

U	D	O	Ç	D	Q	T	H	E	Y	J	E	K	İ	T	E
C	I	D	Ö	O	İ	P	R	H	G	C	N	I	Ş	A	A
M	R	U	Z	A	I	P	E	P	S	H	K	L	B	R	D
V	I	B	Ü	M	D	S	L	Z	U	C	Ü	N	İ	T	A
İ	C	D	M	N	I	H	L	O	E	A	L	E	R	I	L
U	N	Y	A	A	D	G	İ	I	M	K	N	V	L	Ş	E
L	A	S	F	N	B	L	D	L	Ş	A	Ü	Ü	İ	M	T
S	B	Z	A	T	I	P	A	D	I	H	T	G	Ğ	A	E
A	A	U	H	N	A	Ş	K	C	K	Ü	Ü	İ	İ	M	S
U	Y	U	R	H	İ	F	M	Z	E	K	B	Z	K	Ş	A
T	O	P	L	U	L	U	K	A	Ç	Ü	V	V	İ	A	Y
C	H	J	S	V	T	A	M	G	N	M	G	B	L	L	İ
K	C	V	D	C	N	C	J	B	K	E	P	O	İ	T	S
B	Ü	Y	Ü	K	E	L	Ç	İ	M	T	P	F	Ç	N	M
E	Y	O	J	H	S	S	I	T	V	J	Z	R	L	A	A
V	A	T	A	N	D	A	Ş	L	A	R	L	F	E	T	L

DANIŞMAN
BÜYÜKELÇİ
VATANDAŞLAR
TOPLULUK
ÇEKIŞME
İŞBİRLİĞİ
DİPLOMATİK
TARTIŞMA
ELÇİLİK
ETİK
YABANCI
HÜKÜMET
İNSANİ
BÜTÜNLÜK
ADALET
DİLLER
SİYASET
GÜVENLIK
ÇÖZÜM
ANTLAŞMA

82 - Countries #1

S	D	F	L	T	A	Y	N	O	L	O	P	K	P	M	L
E	A	Y	Z	Q	Y	L	O	B	H	P	M	V	Y	I	E
N	I	T	R	V	N	N	M	D	R	Q	O	K	S	S	T
E	A	E	D	O	A	O	A	A	M	A	N	A	P	I	O
G	Y	M	H	J	M	T	N	B	N	N	B	N	R	R	N
A	İ	S	İ	V	O	S	T	H	C	Y	O	T	D	L	Y
L	D	K	B	S	R	E	E	L	C	B	A	R	S	K	A
Y	N	K	V	N	R	M	İ	O	T	Y	S	Q	V	Y	A
K	A	N	A	D	A	A	V	Y	B	T	B	H	V	E	U
K	L	Q	Y	T	Y	C	İ	O	R	Z	T	B	P	O	Ç
S	N	V	L	Z	N	U	A	L	E	U	Z	E	N	E	V
N	İ	K	A	R	A	G	U	A	Z	I	R	G	F	L	F
R	F	A	T	E	P	U	K	A	I	R	S	C	C	L	A
V	Q	Q	İ	N	S	S	K	L	L	A	S	Q	D	N	S
Y	Y	O	S	L	İ	Q	E	V	Y	K	L	İ	B	Y	A
O	O	N	Y	T	S	T	D	R	A	J	K	N	Z	K	I

BREZILYA
KANADA
MISIR
FİNLANDİYA
ALMANYA
IRAK
İSRAİL
İTALYA
LETONYA
LİBYA
FAS
NİKARAGUA
NORVEÇ
PANAMA
POLONYA
ROMANYA
SENEGAL
İSPANYA
VENEZUELA
VİETNAM

83 - Adjectives #1

A	D	K	A	L	T	U	M	S	Q	M	A	B	O	H	F
I	Ü	O	A	G	M	A	S	G	A	O	R	E	A	Y	L
J	R	C	G	Ü	Z	E	L	U	Y	D	O	H	R	L	R
K	Ü	A	I	C	Ö	M	E	R	T	E	M	B	L	Q	V
D	S	M	S	N	V	Z	O	Ö	A	R	A	H	Z	L	L
K	T	A	T	A	C	H	Z	Z	Y	N	T	P	R	D	A
F	A	N	H	D	N	E	D	D	A	U	İ	Z	F	H	I
B	T	Ğ	M	U	M	A	T	E	V	A	K	H	U	K	G
D	M	A	I	L	E	F	T	Ş	A	A	G	I	I	I	G
V	T	G	C	R	K	H	C	S	Ş	Ö	N	E	M	L	I
L	I	K	I	T	O	Z	G	E	A	U	F	Y	K	N	J
R	V	H	K	P	C	F	Q	U	I	L	R	A	R	A	Y
T	B	D	E	A	C	F	M	Y	U	T	U	Q	M	R	T
H	N	A	Ç	S	O	D	S	B	T	U	G	I	N	A	Y
H	I	R	S	L	I	I	Y	N	B	M	M	K	I	K	G
C	B	D	E	Ğ	E	R	L	I	I	Z	P	G	D	V	J

MUTLAK
HIRSLI
AROMATİK
SANATSAL
ÇEKICI
GÜZEL
KARANLIK
EGZOTIK
CÖMERT
MUTLU

AĞIR
YARARLI
DÜRÜST
KOCAMAN
ÖZDEŞ
ÖNEMLI
MODERN
YAVAŞ
INCE
DEĞERLI

84 - Global Warming

A	Z	A	L	T	M	A	K	S	E	C	C	P	G	P	F
N	T	M	L	T	N	K	N	K	S	C	Z	L	E	Q	E
K	R	I	Z	E	N	E	R	J	I	R	S	D	L	M	J
B	D	L	A	M	S	R	H	G	D	O	S	N	I	D	U
O	M	K	G	Ü	J	E	P	J	P	K	R	E	Ş	G	G
E	L	I	D	K	G	S	R	N	Ü	F	U	S	M	G	E
H	N	Z	Z	Ü	O	P	Z	V	Q	F	M	H	E	Z	L
K	D	D	I	H	C	U	A	B	E	O	V	O	B	H	E
P	T	P	Ü	A	T	A	K	K	A	Ç	D	R	Q	C	C
F	L	F	M	S	R	Ş	I	M	D	I	Z	U	R	H	E
D	T	E	D	C	T	K	N	E	S	İ	L	L	E	R	K
N	E	L	Q	P	M	R	T	A	U	Z	V	E	M	P	E
T	B	D	A	H	J	C	I	I	V	H	Y	U	D	F	Q
M	E	Y	F	L	M	F	M	E	K	J	H	S	I	Z	B
V	E	R	I	S	A	R	A	R	A	L	S	U	L	U	K
S	I	C	A	K	L	I	K	L	A	R	M	V	H	B	U

ARKTIK
IKLIM
KRIZ
VERI
GELIŞME
ENERJI
ÇEVRESEL
GELECEK
GAZ
NESİLLER
HÜKÜMET
ENDÜSTRI
ULUSLARARASI
MEVZUAT
ŞIMDI
NÜFUS
SICAKLIKLAR
AZALTMAK

85 - Landscapes

J	V	Q	K	Z	Q	F	L	Y	T	N	H	N	Ç	N	N
D	H	S	D	F	P	U	J	A	R	A	Ğ	A	M	Ö	G
S	K	V	D	K	E	Z	H	R	K	K	J	A	L	P	L
E	L	A	L	E	Ş	U	G	I	U	L	B	D	D	T	O
P	M	H	O	Z	S	J	D	M	O	O	F	A	V	F	I
I	Ğ	A	D	Z	U	B	B	A	C	V	P	N	G	D	G
G	S	R	K	C	N	K	J	D	G	Ö	L	E	D	F	D
A	C	J	H	V	A	D	I	A	A	K	B	H	C	Z	E
Y	R	T	T	P	Y	E	R	L	H	N	E	I	P	D	N
Z	J	U	N	T	K	O	T	U	K	L	P	R	E	E	I
E	Q	S	V	U	O	A	Z	Z	Y	A	E	H	F	K	Z
R	A	C	I	N	C	I	K	U	C	V	T	U	V	I	Y
L	I	Q	F	D	M	Q	F	B	S	V	Z	A	P	Z	Z
B	N	U	S	R	P	C	B	R	S	H	O	O	B	C	S
O	U	L	N	A	Y	I	Z	D	H	E	M	I	S	J	N
J	E	D	C	G	K	O	T	C	R	R	K	J	V	G	Y

PLAJ
MAĞARA
ÇÖL
GAYZER
BUZUL
TEPE
BUZDAĞI
ADA
GÖL
DAĞ
VAHA
OKYANUS
YARIMADA
NEHIR
DENIZ
BATAKLIK
TUNDRA
VADI
VOLKAN
ŞELALE

86 - Plants

Q	A	V	S	K	İ	L	L	İ	Ş	E	Y	D	T	G	T
Q	M	M	D	E	A	C	A	U	I	M	Y	V	B	Ü	Ç
J	B	R	Z	Ç	T	K	P	A	L	G	M	N	R	B	I
E	J	D	A	İ	S	İ	T	Y	A	P	R	A	K	R	M
Y	N	B	E	Ç	S	N	O	Ü	Ç	E	O	Y	U	E	E
G	B	B	A	A	T	A	Y	Q	S	R	G	D	P	B	N
V	G	G	Ğ	S	I	T	G	O	I	K	P	Q	C	İ	U
R	F	N	A	M	R	O	C	Q	M	P	D	S	C	T	B
N	S	E	Ç	H	A	B	N	S	M	S	K	U	E	K	B
I	D	K	V	D	U	K	Ö	K	F	C	C	B	T	İ	A
S	A	R	M	A	Ş	I	K	B	A	M	B	U	Ç	Ö	M
R	G	R	C	G	I	P	B	A	V	O	V	L	I	R	I
L	D	G	O	M	O	Y	B	Z	H	S	P	I	Ç	T	M
Y	K	E	Y	L	U	S	A	F	V	L	D	F	E	Ü	H
Y	O	S	U	N	F	Y	K	L	O	L	I	K	K	S	L
E	R	Q	R	B	B	A	E	G	D	V	M	L	R	Ü	U

BAMBU
FASULYE
DUT
ÇİÇEK
BOTANİK
ÇALI
KAKTÜS
GÜBRE
FLORA
ÇIÇEK
YEŞİLLİK
ORMAN
BAHÇE
ÇIMEN
SARMAŞIK
YOSUN
YAPRAK
KÖK
AĞAÇ
BİTKİ ÖRTÜSÜ

87 - Boxing

A	T	G	L	H	D	I	R	S	E	K	B	K	I	S	I
S	L	N	M	A	I	Ç	Ş	A	V	A	S	U	K	E	Y
H	A	L	A	T	N	Z	A	S	N	Y	G	R	F	T	S
C	J	J	Y	E	U	P	L	I	Z	Z	Y	T	K	K	H
O	D	A	K	V	G	C	P	I	K	A	R	A	G	T	C
N	S	J	T	V	R	S	Ü	O	Y	M	Y	R	J	P	H
S	P	G	C	U	O	R	N	V	Y	B	K	M	M	Q	B
U	I	O	A	K	Y	Y	L	V	U	S	E	A	V	Y	E
T	D	B	A	L	M	D	E	F	M	V	M	C	L	A	U
B	G	B	N	Y	U	P	U	T	R	M	E	N	E	Ç	H
H	Y	K	A	V	V	Z	V	I	U	T	L	O	Ş	R	F
H	A	K	E	M	U	G	P	E	K	J	E	K	Ö	E	I
E	L	D	I	V	E	N	L	E	R	N	M	M	K	I	Q
L	N	J	H	K	L	A	L	Q	Y	Z	K	P	E	E	L
K	O	P	Y	R	I	J	K	G	B	K	E	D	S	I	J
F	L	V	Y	I	I	E	N	F	U	I	T	I	O	D	Z

ZIL
VÜCUT
ÇENE
KÖŞE
DIRSEK
YORGUN
SAVAŞÇI
YUMRUK
ODAK
ELDIVENLER
TEKMELEMEK
RAKIP
HIZLI
KURTARMA
HAKEM
HALAT
BECERI
KUVVET

88 - Countries #2

A	S	D	T	H	I	G	A	T	J	İ	T	İ	A	H	L
P	A	K	I	S	T	A	N	G	C	L	A	P	E	N	A
M	K	U	L	T	U	V	A	N	R	A	Ü	N	J	F	O
O	E	J	D	Q	N	V	D	F	C	M	E	B	U	A	S
I	A	K	R	A	M	İ	N	A	D	O	T	J	N	K	T
N	Y	H	S	Y	J	D	A	E	I	S	İ	A	U	A	L
S	S	D	U	İ	O	T	G	T	Y	C	Y	P	K	Y	N
A	U	S	O	Z	K	S	U	T	I	E	O	O	R	R	A
D	R	R	H	G	T	A	E	I	Z	T	P	N	A	E	T
T	D	C	İ	I	S	I	Q	S	M	M	Y	Y	Y	J	S
Ş	S	T	M	Y	G	G	Y	U	F	A	A	A	N	İ	I
H	Y	S	C	H	E	A	Z	D	B	C	E	I	A	N	N
T	R	G	U	B	D	B	Y	A	Y	R	E	B	İ	L	A
J	A	M	A	İ	K	A	H	N	N	R	R	N	I	A	N
C	L	J	O	Z	I	P	V	G	D	C	S	F	C	C	U
F	F	C	I	V	J	L	N	U	S	Y	A	T	I	Y	Y

ARNAVUTLUK
DANİMARKA
ETİYOPYA
YUNANISTAN
HAİTİ
JAMAİKA
JAPONYA
LAOS
LÜBNAN
LİBERYA
MEKSİKA
NEPAL
NİJERYA
PAKISTAN
RUSYA
SOMALİ
SUDAN
SURİYE
UGANDA
UKRAYNA

89 - Adjectives #2

S	S	A	Ğ	L	I	K	L	I	K	V	H	E	O	J	U
L	I	L	K	E	N	E	T	E	Y	D	D	H	S	E	G
V	C	C	U	E	U	Y	G	O	B	V	J	A	O	Z	M
I	I	M	A	B	U	Y	Ü	L	N	Ü	S	V	R	K	E
U	T	J	Z	K	L	U	Ç	D	O	Ğ	A	L	U	U	Z
M	A	P	H	O	K	I	L	A	N	F	M	E	M	R	R
C	R	O	A	J	V	L	Ü	Z	A	R	I	F	L	U	V
V	A	G	T	J	A	U	T	F	M	V	C	I	U	L	Q
E	Y	M	F	A	H	Q	L	R	P	N	I	P	L	R	J
T	U	Z	L	U	N	M	F	F	A	S	Y	P	U	U	D
S	E	K	M	F	E	T	H	B	H	F	A	B	K	R	E
V	A	H	Ş	İ	K	J	I	N	E	Y	L	N	Y	U	G
Q	N	I	Q	R	T	O	F	K	D	B	K	Z	U	G	K
E	N	T	E	R	E	S	A	N	Z	E	I	O	T	M	O
H	B	U	F	N	R	J	Q	N	T	E	Ç	M	O	Z	T
D	Z	A	P	R	Ü	E	A	Q	O	H	A	F	I	E	V

OTANTIK
YARATICI
AÇIKLAYICI
KURU
ZARIF
ÜNLÜ
YETENEKLI
SAĞLIKLI
SICAK
AÇ
ENTERESAN
DOĞAL
YENI
ÜRETKEN
GURURLU
SORUMLU
TUZLU
UYKULU
GÜÇLÜ
VAHŞİ

90 - Psychology

H	H	N	T	S	K	İ	N	İ	L	K	U	H	L	Q	J
O	S	R	O	I	O	I	G	L	A	D	E	T	I	L	P
G	A	J	A	H	T	R	Ş	Ş	U	T	Z	G	D	D	R
E	M	Ş	I	K	E	Ç	U	I	R	A	N	D	E	V	U
T	K	J	K	C	R	I	M	N	L	A	Y	A	H	D	E
Q	S	I	F	P	A	E	B	A	M	I	G	Z	K	Ü	E
M	B	R	J	Y	P	Y	O	R	K	O	K	K	B	Ş	E
E	M	T	Z	G	İ	R	Y	V	Z	G	Q	I	J	Ü	O
F	İ	K	İ	R	L	E	R	A	V	U	M	L	U	N	Z
D	U	Y	G	U	L	A	R	D	V	Z	Q	K	K	C	N
Y	E	B	E	M	R	I	D	N	E	L	R	E	Ğ	E	D
B	İ	L	İ	N	Ç	A	L	T	I	O	B	Ç	A	L	H
B	I	L	I	N	Ç	S	I	Z	L	J	I	R	V	E	D
R	V	R	I	V	Y	U	F	B	Q	E	L	E	E	R	P
G	P	P	T	I	F	J	C	I	T	H	I	G	G	J	P
M	S	B	Ç	O	C	U	K	L	U	K	Ş	R	J	Z	R

RANDEVU
DEĞERLENDIRME
DAVRANIŞ
ÇOCUKLUK
KLİNİK
BILIŞ
ÇEKIŞME
HAYAL
EGO
DUYGULAR

FİKİRLER
ALGI
KIŞILIK
SORUN
GERÇEKLIK
HIS
BİLİNÇALTI
TERAPİ
DÜŞÜNCELER
BILINÇSIZ

91 - Math

P	S	A	Y	I	L	A	R	H	K	S	F	A	A	G	B
G	A	Y	Z	U	H	U	K	A	Z	A	A	S	Ç	E	B
G	T	R	I	S	E	K	C	C	B	N	R	P	I	O	H
L	Q	L	A	Ü	O	Z	M	I	K	K	R	E	L	M	L
Ç	Z	G	I	L	C	J	B	M	U	P	K	B	A	E	O
O	O	K	İ	T	E	M	T	İ	R	A	P	P	R	T	K
K	Ç	U	Q	O	Y	L	Y	A	R	I	Ç	A	P	R	O
G	A	K	B	C	B	F	K	I	Y	K	K	D	K	İ	Ş
E	P	M	L	O	I	U	Y	E	I	I	A	E	T	R	U
N	C	C	Q	B	K	P	R	U	N	L	T	N	F	T	T
E	H	M	J	Z	B	B	C	Q	F	A	U	K	Y	E	T
G	N	E	G	T	R	Ö	D	K	I	D	R	L	Q	M	N
Ç	G	L	N	F	R	J	L	J	S	N	O	E	M	İ	B
Ü	M	Z	Ç	E	V	R	E	Ü	S	O	D	M	L	S	L
E	T	D	D	Y	Z	P	I	T	M	Z	U	L	G	U	A
C	S	K	K	I	N	Q	H	V	L	K	Q	R	I	H	R

AÇILAR
ARİTMETİK
ONDALIK
ÇAP
BÖLÜM
DENKLEM
ÜS
KESIR
GEOMETRİ
SAYILAR
KOŞUT
PARALELKENAR
ÇEVRE
ÇOKGEN
YARIÇAP
DIKDÖRTGEN
KARE
SİMETRİ
ÜÇGEN
HACIM

92 - Activities

Z	D	Z	Y	D	Ş	N	N	F	Q	A	O	L	S	R	S
H	A	M	U	K	O	J	M	O	J	V	Y	V	K	A	A
J	N	Z	S	N	B	M	N	T	Y	R	F	A	N	H	T
A	S	G	O	R	E	G	R	O	U	F	L	R	D	A	L
Y	V	B	O	Y	A	M	A	Ğ	Y	O	H	K	İ	T	C
B	H	C	I	Q	C	M	L	R	K	Ü	J	A	K	L	Q
T	M	A	I	O	O	F	A	A	Z	N	R	G	İ	A	M
Z	Y	Z	C	L	P	I	C	F	S	E	I	Ü	Ş	M	O
N	B	U	U	V	I	U	A	Ç	C	M	V	O	Y	A	M
K	U	G	F	H	R	K	M	I	E	R	F	K	L	Ü	C
S	E	R	A	M	İ	K	L	L	F	Ö	H	U	Z	H	Ş
O	Y	U	N	L	A	R	U	I	R	E	C	E	B	L	S
M	L	H	Q	S	S	R	B	K	I	N	D	L	P	R	A
T	S	G	Q	B	A	H	Ç	I	V	A	N	L	I	K	N
S	I	H	I	R	B	A	L	I	K	Ç	I	L	I	K	A
B	R	M	S	A	B	N	B	N	V	B	F	G	C	U	T

SANAT
SERAMİK
DANS
BALIKÇILIK
OYUNLAR
BAHÇIVANLIK
YÜRÜYÜŞ
AVCILIK
ÖRME
BOŞ
SIHIR
BOYAMA
FOTOĞRAFÇILIK
ZEVK
BULMACALAR
OKUMA
RAHATLAMA
DİKİŞ
BECERI

93 - Business

A	M	Z	O	N	K	Q	N	Ş	I	O	E	M	U	E	Y
Y	R	I	F	V	D	F	B	I	Ş	C	K	A	C	Y	A
K	Ö	F	İ	Z	N	N	G	R	V	Q	O	L	Z	L	T
C	Y	N	S	H	A	V	R	K	E	V	N	I	S	I	I
R	L	S	E	Ç	T	Ü	B	E	R	B	O	Y	Y	P	R
S	D	A	P	T	M	A	L	T	E	V	M	E	P	J	I
L	Y	T	E	A	I	V	T	H	N	M	İ	T	A	R	M
F	Z	I	E	C	R	C	R	V	E	R	G	İ	R	Â	K
B	A	Ş	K	T	I	A	I	Q	G	R	N	R	A	L	C
R	N	B	J	S	D	P	B	H	Ç	A	L	I	Ş	A	N
H	D	D	R	J	N	Y	Q	İ	D	B	Y	I	E	Q	A
F	C	D	J	I	I	I	E	Z	R	N	L	S	R	J	K
K	C	N	H	G	K	H	E	H	I	İ	L	L	O	Y	K
U	Z	T	I	B	B	A	U	P	L	E	M	N	I	H	Ü
K	A	R	I	Y	E	R	P	N	E	Z	H	İ	L	F	D
P	S	T	B	Z	D	D	C	O	G	B	N	N	D	Y	T

BÜTÇE
KARIYER
ŞIRKET
MALIYET
PARA BİRİMİ
INDIRIM
EKONOMİ
ÇALIŞAN
IŞVEREN
FABRIKA
GELIR
YATIRIM
YÖNETICI
MAL
PARA
OFİS
KÂR
SATIŞ
DÜKKAN
VERGİ

94 - The Company

B	K	Ü	R	E	S	E	L	R	A	B	I	T	I	D	K
İ	O	Ü	D	T	Q	E	D	K	İ	N	C	J	Ü	Q	V
R	L	C	E	I	Q	L	J	T	K	S	O	Y	R	P	Y
İ	A	R	D	L	S	Y	O	N	H	M	K	E	Ü	N	E
M	S	E	D	A	R	A	R	C	C	C	E	L	N	Y	N
L	I	T	F	K	P	T	R	H	Y	Y	Y	P	E	Ş	I
E	L	L	Q	N	M	I	C	I	T	A	R	A	Y	R	L
R	I	E	I	J	I	R	T	S	Ü	D	N	E	V	M	I
P	K	R	L	C	Q	I	I	S	U	N	U	M	U	Z	K
B	N	Y	G	Q	P	M	B	L	I	R	N	E	P	I	Ç
P	R	O	F	E	S	Y	O	N	E	L	P	C	P	I	I
J	E	A	R	N	K	A	R	A	R	G	P	Q	B	D	S
I	L	E	R	L	E	M	E	V	V	P	Q	C	L	L	P
Z	K	F	S	K	K	A	Y	N	A	K	L	A	R	C	U
I	A	A	S	Y	Z	L	Q	G	Z	F	U	L	T	E	S
Y	L	G	R	N	T	N	N	F	V	A	J	E	C	B	V

IŞ
YARATICI
KARAR
KÜRESEL
ENDÜSTRI
YENILIKÇI
YATIRIM
OLASILIK
SUNUM
ÜRÜN
PROFESYONEL
ILERLEME
KALITE
ITIBAR
KAYNAKLAR
GELIR
RİSKLER
BİRİMLER
ÜCRETLER

95 - Literature

E	G	J	N	H	İ	F	A	R	G	O	Y	İ	B	V	C
D	İ	Y	A	L	O	G	E	C	N	Z	A	T	R	I	F
K	Z	K	M	L	Z	Z	Ç	L	O	U	Z	V	E	R	M
Z	A	H	O	F	M	K	U	R	G	U	A	U	H	M	C
Y	C	R	R	Z	P	Y	N	T	M	N	R	J	V	H	U
I	E	K	Ş	J	İ	J	O	L	A	N	A	N	Y	Q	F
C	M	E	Z	I	U	D	S	S	A	U	D	L	Y	A	R
I	B	C	T	Z	L	E	S	R	İ	İ	Ş	I	P	Q	F
T	O	D	K	E	N	A	V	H	I	D	A	H	D	R	D
A	A	Y	Y	R	R	Z	Ş	R	L	E	G	D	M	Q	F
L	B	R	F	O	J	R	B	T	Z	J	I	Q	B	E	Y
N	E	I	Z	R	İ	T	İ	M	I	A	S	V	O	L	P
A	M	I	N	A	T	O	F	F	L	R	O	E	M	V	J
I	D	Ş	V	P	M	S	S	Y	A	T	M	E	P	S	K
K	A	F	I	Y	E	U	O	E	N	J	N	A	Q	V	Q
M	K	U	H	Q	I	Z	N	E	A	E	R	T	E	M	A

ANALOJİ
ANALIZ
ANEKDOT
YAZAR
BİYOGRAFİ
KARŞILAŞTIRMA
SONUÇ
TANIM
DİYALOG
KURGU
MECAZ
ANLATICI
ROMAN
ŞIIR
ŞİIRSEL
KAFIYE
RİTİM
TARZ
TEMA
TRAJEDİ

96 - Geography

N	Y	I	P	I	E	K	L	Ü	C	B	P	H	T	Y	T
J	E	H	O	G	G	N	B	R	O	T	A	V	K	E	U
B	Z	H	F	U	L	J	L	D	B	H	D	D	G	N	F
A	U	T	I	B	Ö	F	Z	E	E	A	A	L	B	Ü	G
E	K	O	D	R	B	R	S	C	M	R	N	E	L	G	S
N	Ğ	Q	G	M	C	H	J	H	I	İ	I	A	V	M	B
Y	A	R	I	M	K	Ü	R	E	K	T	K	R	C	E	H
N	D	U	G	M	J	N	V	C	A	A	U	J	V	R	V
L	G	D	S	T	E	N	Z	V	R	K	I	T	A	İ	G
K	C	K	J	L	S	G	B	C	O	B	V	O	I	D	Y
H	E	P	M	N	U	Q	Z	V	D	Z	B	F	M	Y	D
U	L	N	D	E	N	I	Z	F	L	G	J	J	B	E	Ü
S	A	L	T	A	A	B	J	F	Y	L	B	I	Q	N	N
K	S	A	D	Z	Y	B	F	K	Z	H	N	A	Q	S	Y
J	D	T	M	E	K	K	B	A	T	I	Q	E	U	E	A
H	K	C	F	N	O	J	Q	N	M	E	L	L	D	Y	R

RAKIM
ATLAS
KENT
KITA
ÜLKE
EKVATOR
YARIMKÜRE
ADA
ENLEM
HARİTA
MERİDYEN
DAĞ
KUZEY
OKYANUS
NEHIR
DENIZ
GÜNEY
BÖLGE
BATI
DÜNYA

97 - Jazz

E	S	S	V	M	S	T	A	R	Z	Z	Z	L	J	D	D
I	A	H	L	B	A	L	N	O	F	E	F	H	H	O	U
O	B	B	U	A	N	E	Z	D	Z	Z	L	Z	P	Ğ	A
P	S	I	S	M	A	E	I	R	O	U	R	K	C	A	F
Y	E	N	I	U	T	G	O	G	N	I	A	O	T	Ç	U
D	M	O	P	O	Ç	V	U	R	G	U	L	M	Ü	L	V
N	Ü	H	I	R	I	Ü	N	L	Ü	U	B	P	R	A	K
E	Z	G	A	K	E	N	E	T	E	Y	Ü	O	E	M	U
M	I	R	S	E	R	A	N	B	L	D	M	Z	S	A	B
T	K	M	G	S	G	A	L	U	V	A	D	I	N	P	M
R	İ	V	O	T	E	J	Ş	K	K	M	I	S	O	D	I
T	N	L	G	R	L	D	D	M	I	C	U	Y	K	H	B
R	K	Y	N	A	R	İ	T	İ	M	Ş	K	O	N	G	K
B	E	P	Y	B	E	S	T	E	C	I	C	N	R	Z	E
S	T	D	R	A	Q	J	J	N	O	G	C	S	T	B	K
A	B	A	T	E	Ş	B	U	A	F	M	T	L	V	E	A

ALBÜM
ALKIŞ
SANATÇI
BESTECI
KOMPOZISYON
KONSER
DAVUL
VURGU
ÜNLÜ
TÜR
DOĞAÇLAMA
MÜZIK
YENI
YAŞ
ORKESTRA
RİTİM
ŞARKI
TARZ
YETENEK
TEKNİK

98 - Nature

V	A	B	T	I	M	T	I	M	A	C	S	Y	A	B	T
A	G	R	H	A	Y	V	A	N	L	A	R	E	R	A	R
H	H	O	K	C	Y	E	A	U	Ö	E	I	Ş	L	R	O
Ş	R	A	L	T	U	L	U	B	Ç	G	H	İ	A	I	P
İ	A	P	Y	B	I	V	F	Q	C	B	E	L	R	N	İ
D	L	T	S	A	M	K	K	A	S	V	N	L	Y	A	K
I	Ğ	U	İ	T	T	K	B	U	Z	U	L	İ	P	K	A
N	A	O	S	E	L	İ	I	U	U	E	U	K	J	A	L
E	D	C	M	I	I	M	U	R	P	O	N	D	K	T	F
H	S	B	O	R	M	A	N	O	Y	Z	O	R	E	D	L
H	L	J	N	C	P	N	T	İ	K	B	V	Y	I	G	I
T	A	Y	F	H	D	İ	I	E	K	R	L	F	G	I	K
O	G	S	T	O	E	D	E	D	P	A	Y	N	S	D	I
Z	V	Y	Z	O	N	Q	C	N	B	F	S	A	G	D	K
N	O	Z	O	A	R	U	C	E	H	U	Z	U	R	L	U
Q	U	G	Ü	Z	E	L	L	I	K	N	I	C	Q	S	S

HAYVANLAR
ARKTIK
GÜZELLIK
ARLAR
BULUTLAR
ÇÖL
DİNAMİK
EROZYON
SİS
YEŞİLLİK

ORMAN
BUZUL
DAĞLAR
HUZURLU
NEHIR
BARINAK
SAKİN
TROPİKAL
HAYATİ
VAHŞİ

99 - Vacation #2

H	N	M	S	I	U	O	B	T	R	M	C	V	G	N	H
S	E	Q	B	I	P	D	K	T	Q	Q	F	İ	R	T	A
I	R	D	U	E	H	V	C	R	M	R	O	Z	J	K	V
Y	T	E	E	R	N	C	P	T	H	E	R	E	I	S	A
A	A	H	B	F	F	R	U	J	A	P	D	E	I	A	L
B	H	Z	J	O	T	Q	D	E	J	Y	I	B	T	T	İ
A	A	O	Y	U	Z	T	E	R	U	Ş	A	Y	N	V	M
N	Y	Y	S	R	A	L	F	A	R	Ğ	O	T	O	F	A
C	E	U	Y	E	D	E	R	L	R	N	Z	B	B	T	N
I	S	S	B	S	A	T	Z	Ğ	I	Q	H	O	M	R	I
O	A	V	A	T	H	O	T	A	K	S	İ	Y	K	O	I
Y	R	N	A	O	J	A	D	D	Ç	J	L	D	F	P	O
F	Z	B	J	R	K	I	L	I	C	A	M	I	Ş	A	T
E	H	D	H	A	T	İ	R	A	H	L	D	K	L	S	K
Z	S	Z	I	N	E	D	D	N	S	P	Y	I	Y	A	V
B	K	O	H	K	Q	Q	Z	I	S	A	S	T	R	P	E

HAVALİMANI
PLAJ
HEDEF
YABANCI
OTEL
ADA
SEYAHAT
BOŞ
HARİTA
DAĞLAR
PASAPORT
FOTOĞRAFLAR
RESTORAN
DENIZ
TAKSİ
ÇADIR
TREN
TAŞIMACILIK
VİZE

100 - Electricity

T	V	D	Q	B	A	O	V	T	I	M	Y	F	A	J	T
R	U	T	I	D	O	N	T	U	K	Y	U	H	Y	E	C
J	Z	G	I	L	S	L	B	Y	Z	J	V	S	S	L	P
E	R	K	G	P	M	S	A	E	T	Ğ	A	B	M	A	L
N	F	C	O	K	F	E	G	P	P	S	Q	Y	C	S	M
E	İ	D	B	O	F	S	L	U	P	M	A	M	U	V	Y
R	Ç	Q	Z	Y	N	Q	I	E	T	E	L	L	E	R	N
A	K	A	B	L	O	L	P	N	K	K	F	H	O	C	C
T	İ	M	O	H	F	U	N	S	I	T	A	N	K	I	M
Ö	R	A	L	C	E	N	I	E	O	Q	R	E	Z	A	L
R	T	L	U	S	L	V	L	N	K	Z	S	İ	U	I	D
O	K	O	M	J	E	P	O	Z	İ	T	İ	F	K	N	O
N	E	P	S	U	T	T	E	L	E	V	İ	Z	Y	O	N
M	L	E	U	D	J	F	F	P	V	I	T	B	N	F	Z
E	E	D	Z	K	J	O	A	E	J	Z	S	M	T	K	C
L	Y	K	H	S	V	P	A	M	M	L	C	Z	H	E	B

PIL
AMPUL
KABLO
ELEKTRİK
ELEKTRİKÇİ
JENERATÖR
LAMBA
LAZER
MIKNATIS
OLUMSUZ
AĞ
NESNE
POZİTİF
YUVA
DEPOLAMA
TELEFON
TELEVİZYON
TELLER

1 - Antiques

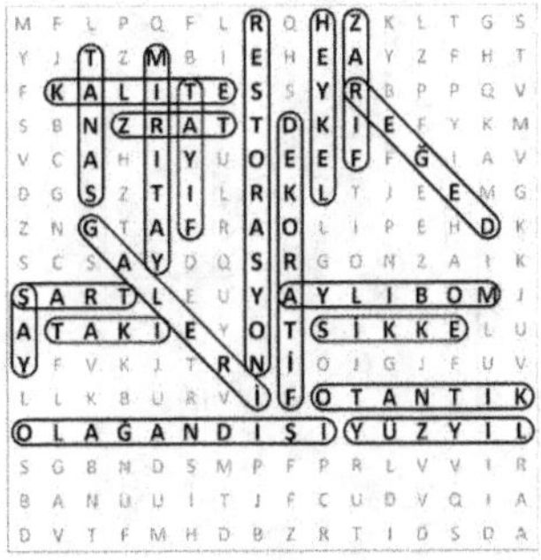

2 - Food #1

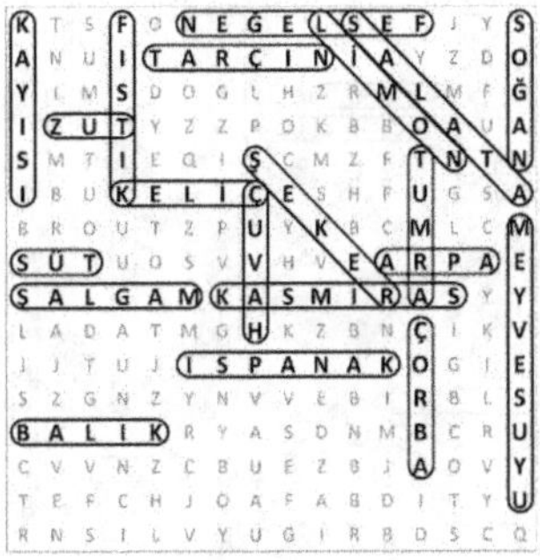

3 - Measurements

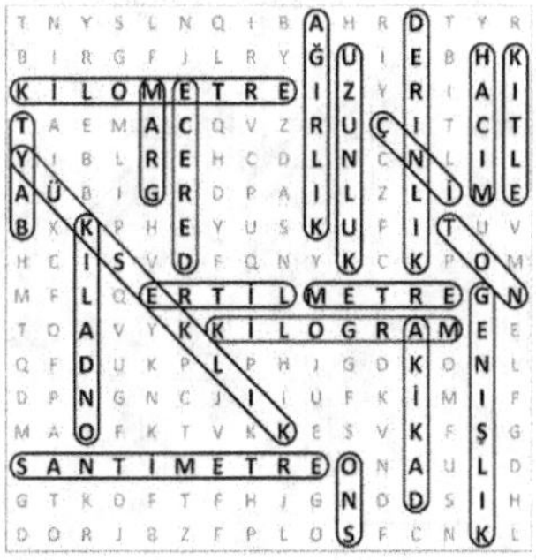

4 - Farm #2

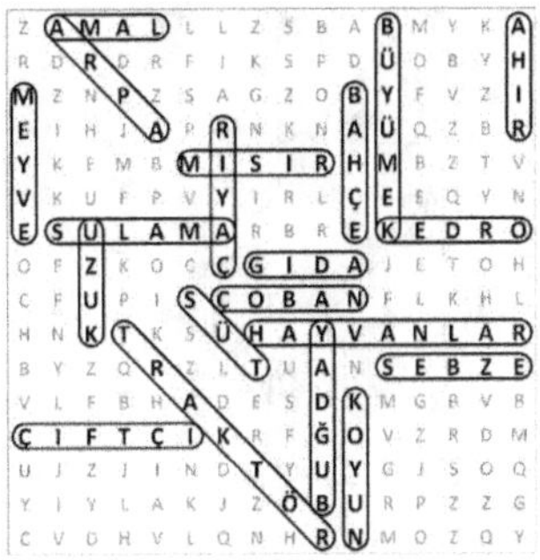

5 - Books

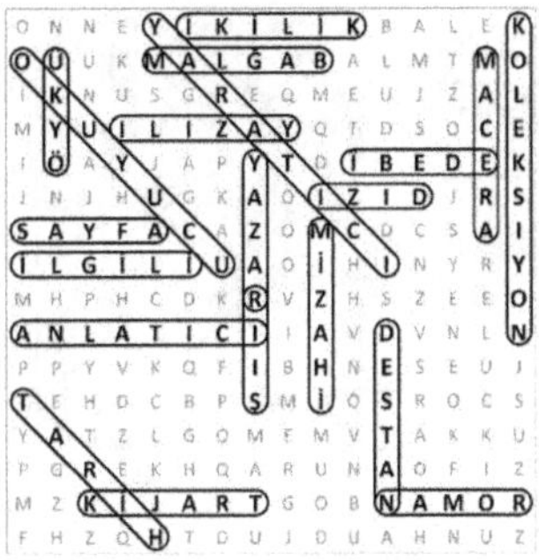

6 - Meditation

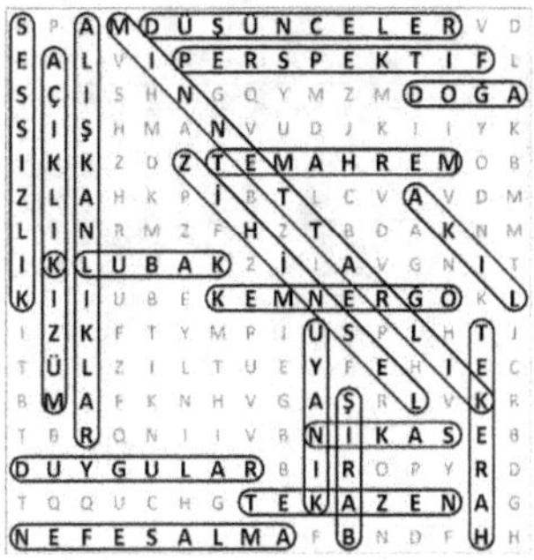

7 - Days and Months

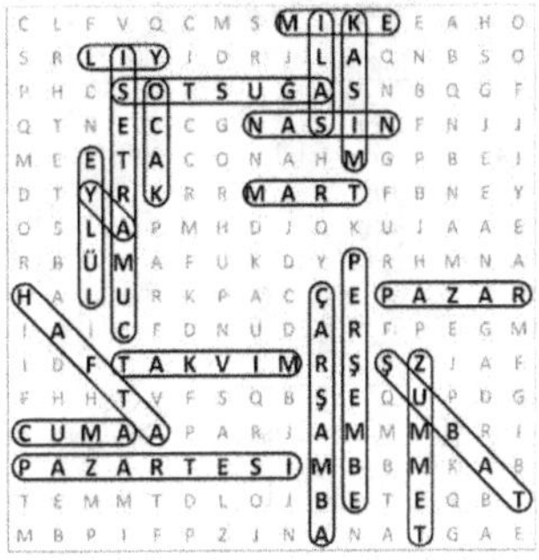

8 - Energy

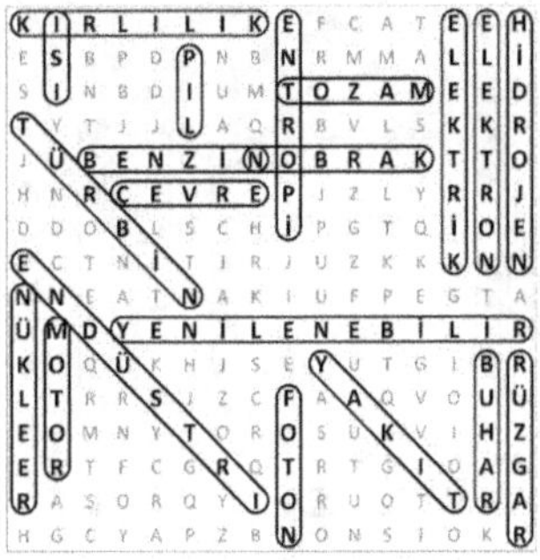

9 - Chess

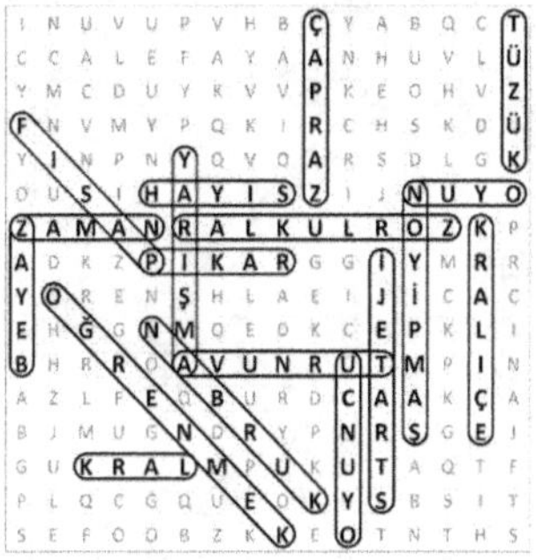

10 - Archeology

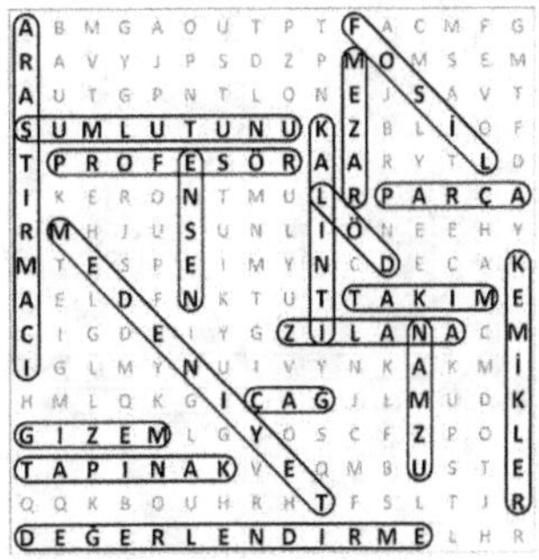

11 - Food #2

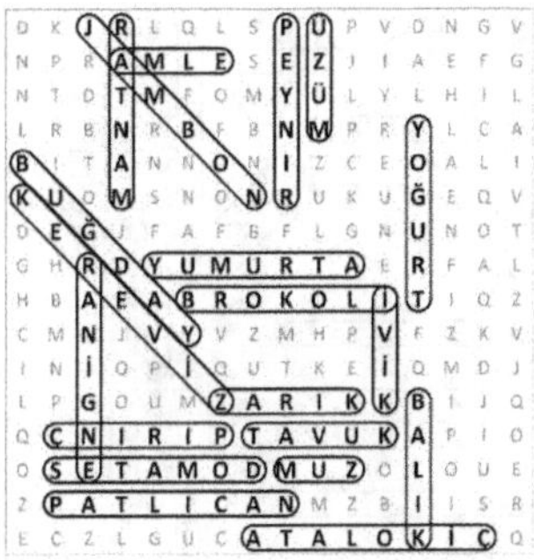

12 - Chemistry

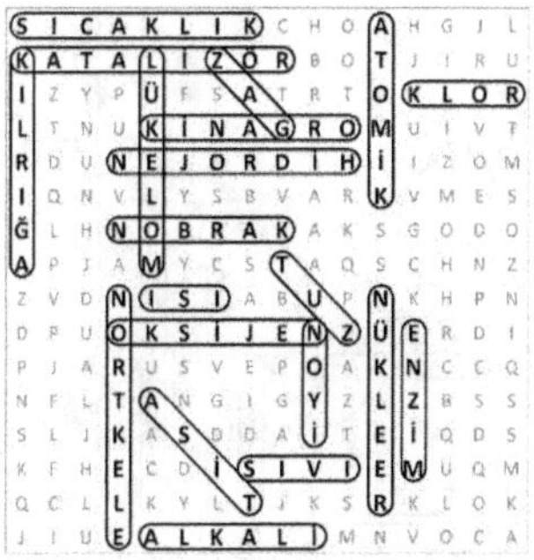

13 - Music

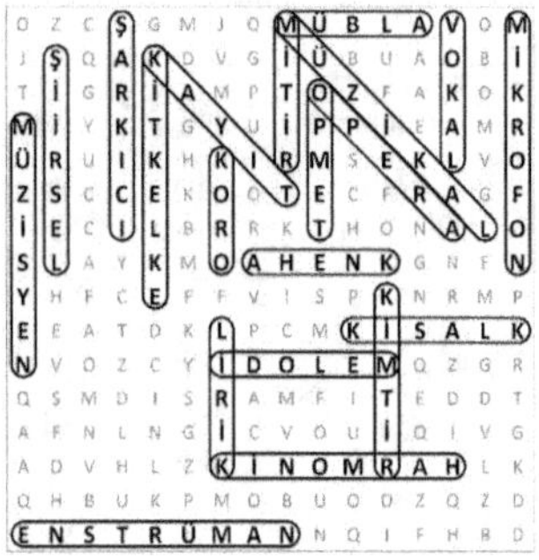

14 - Family

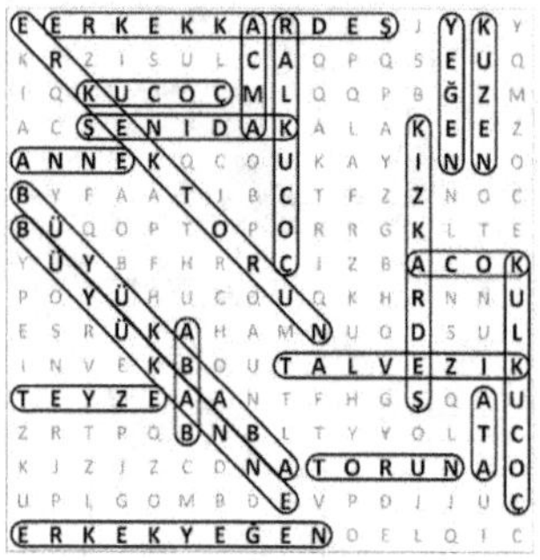

15 - Farm #1

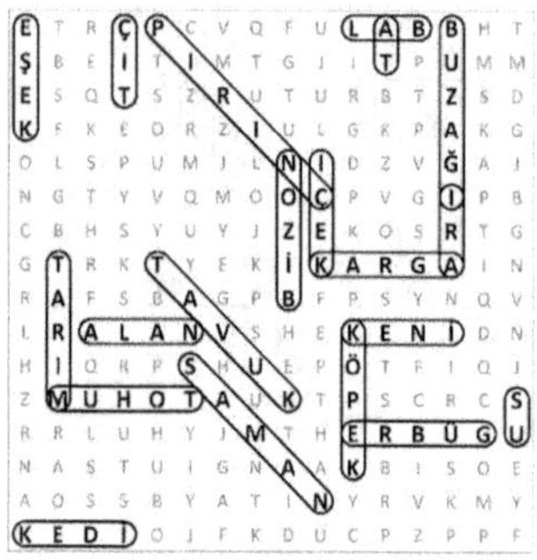

16 - Camping

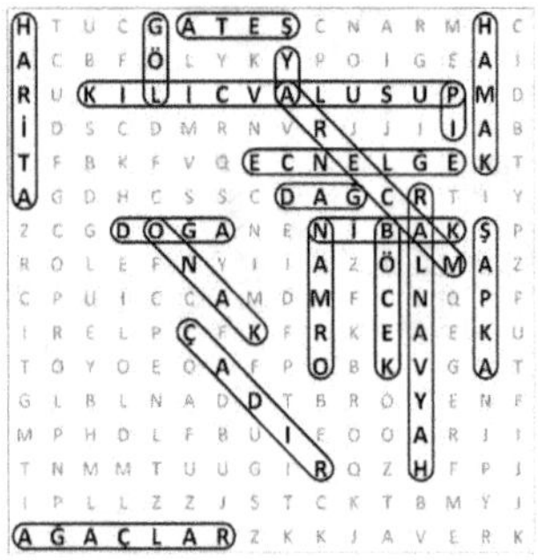

17 - Algebra

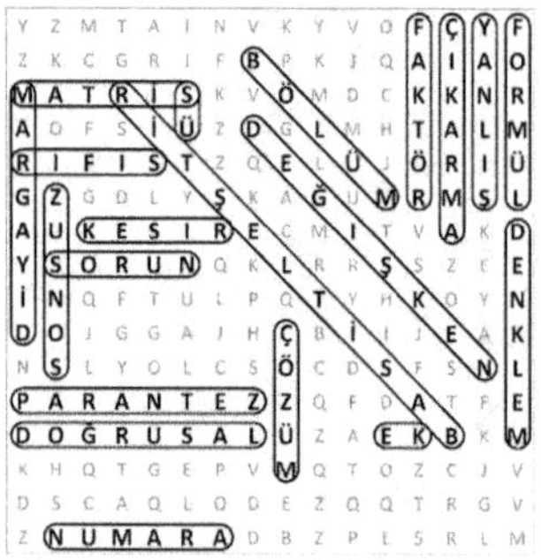

18 - Numbers

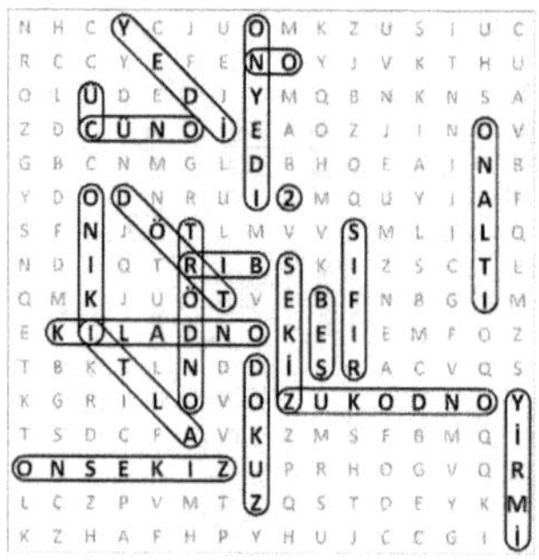

19 - Spices

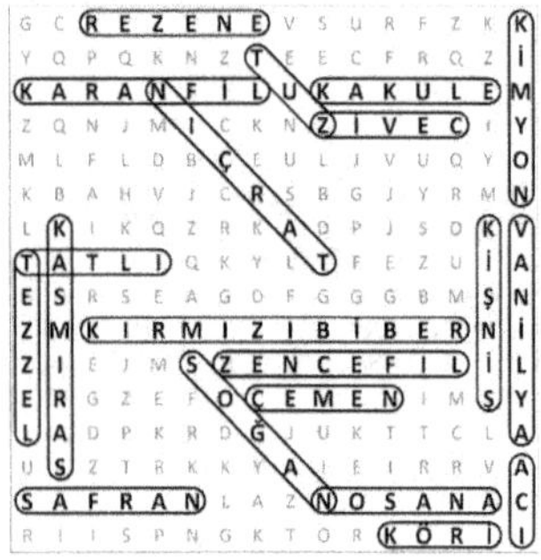

20 - Universe

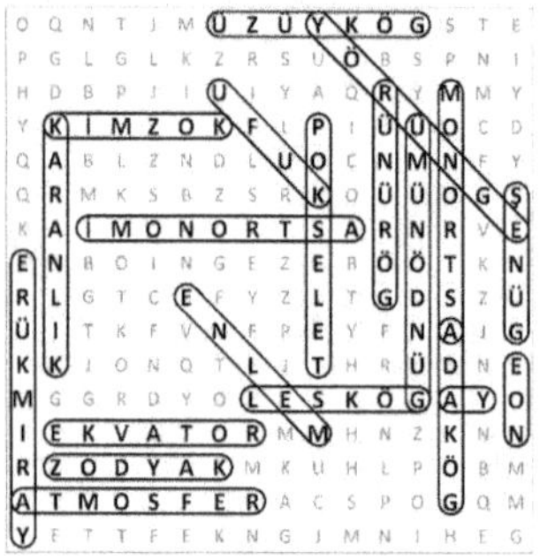

21 - Mammals

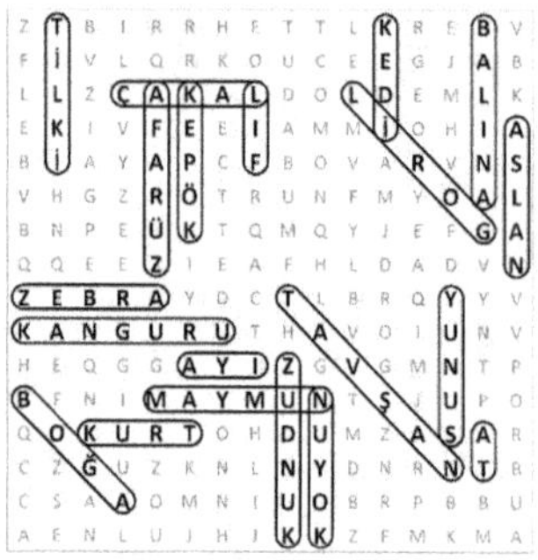

22 - Bees

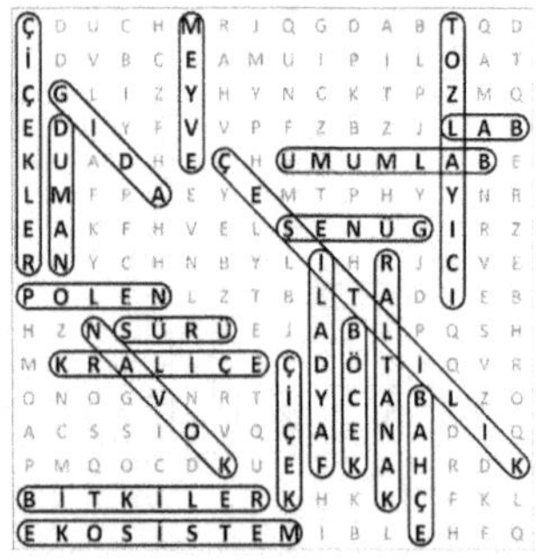

23 - Weather

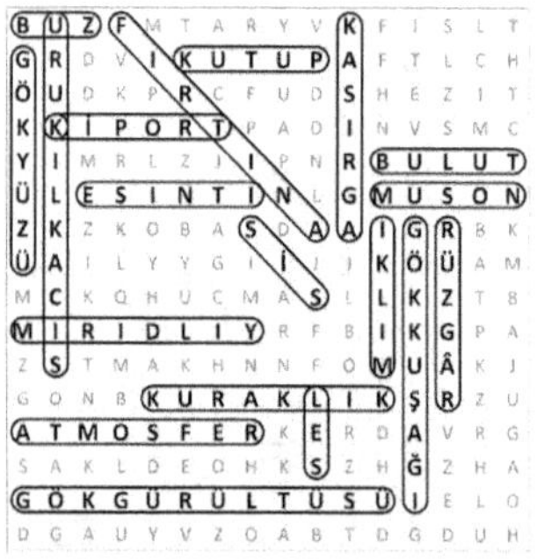

24 - Adventure

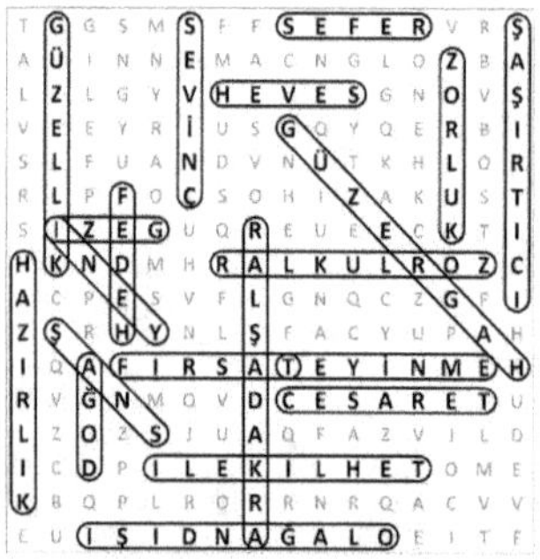

25 - Geology

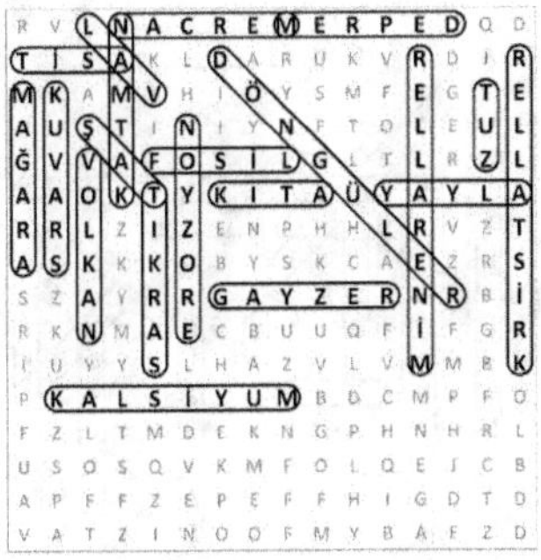

26 - House

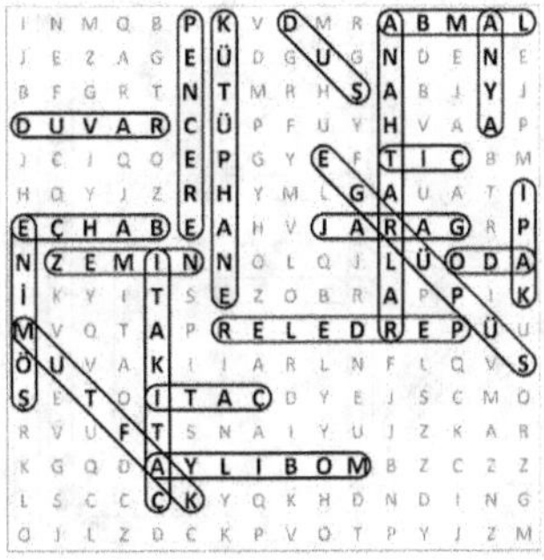

27 - Physics

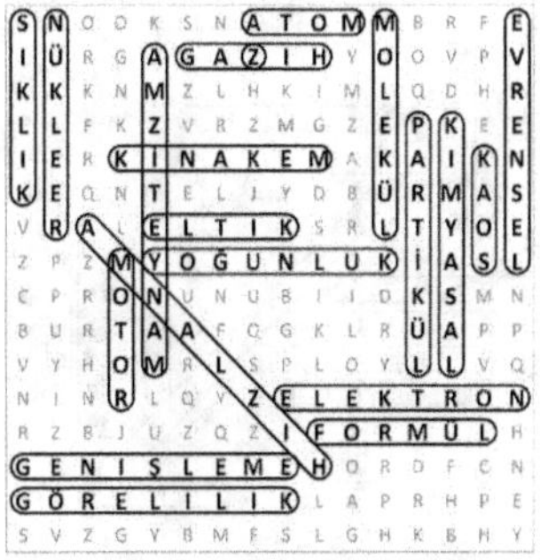

28 - Dance

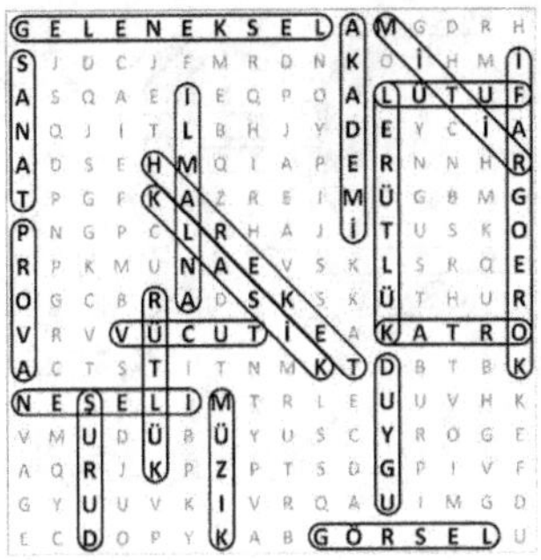

29 - Shapes

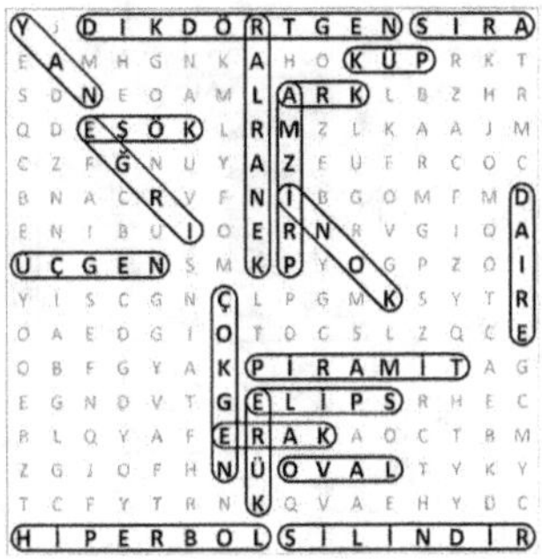

30 - Scientific Disciplines

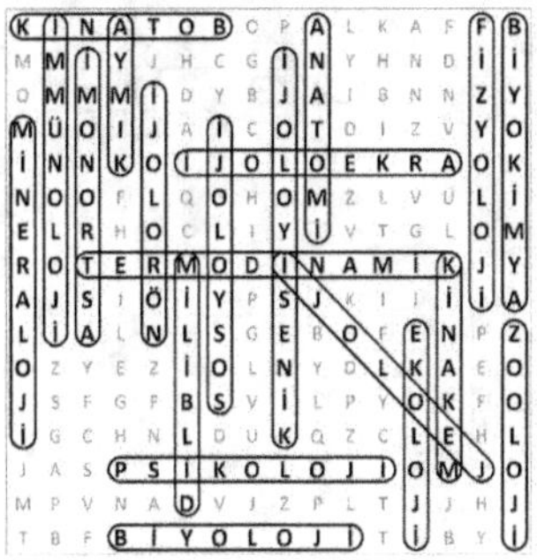

31 - Science

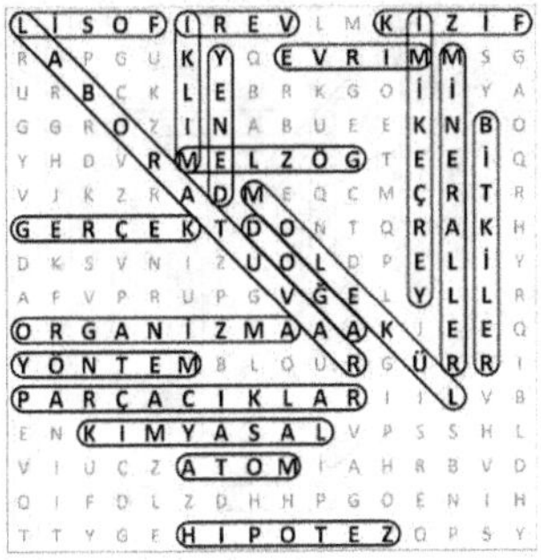

32 - Beauty

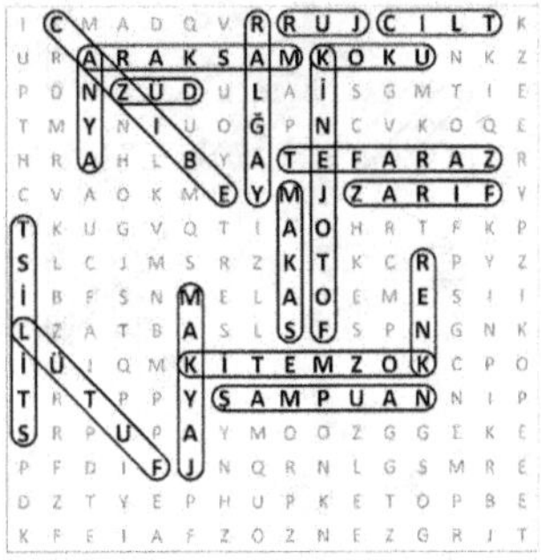

33 - To Fill

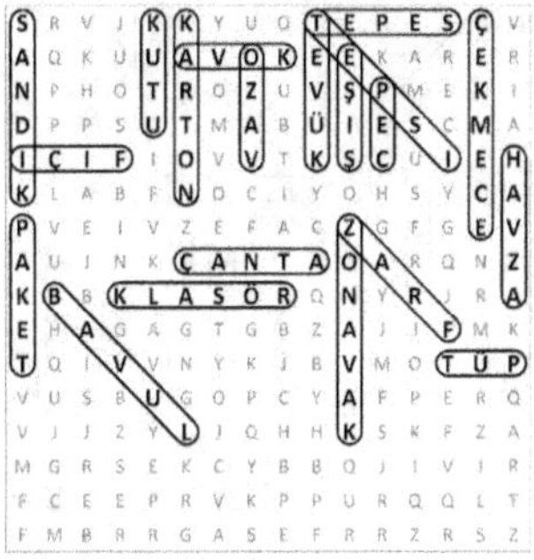

34 - Clothes

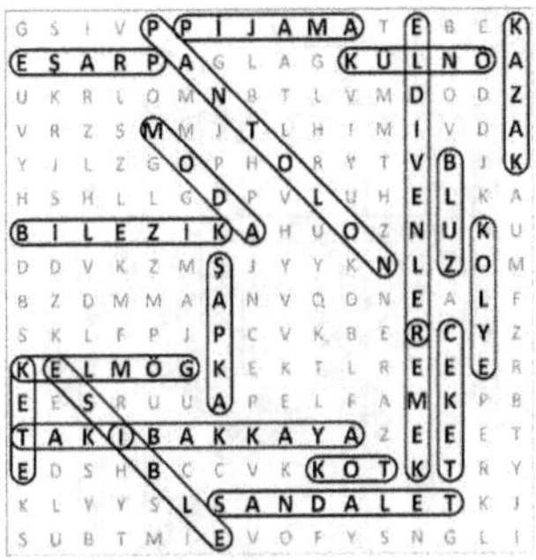

35 - Ethics

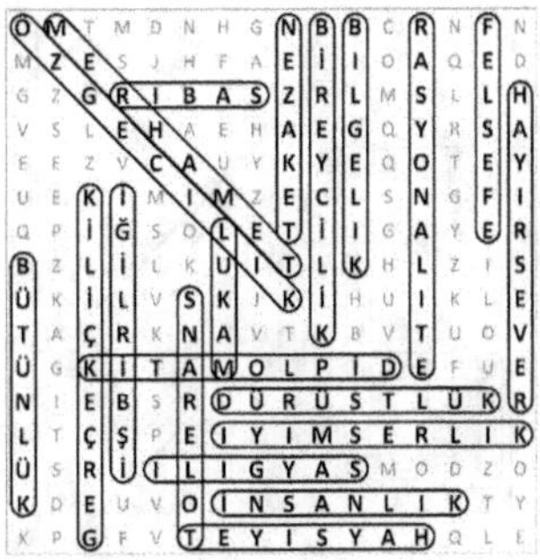

36 - Insects

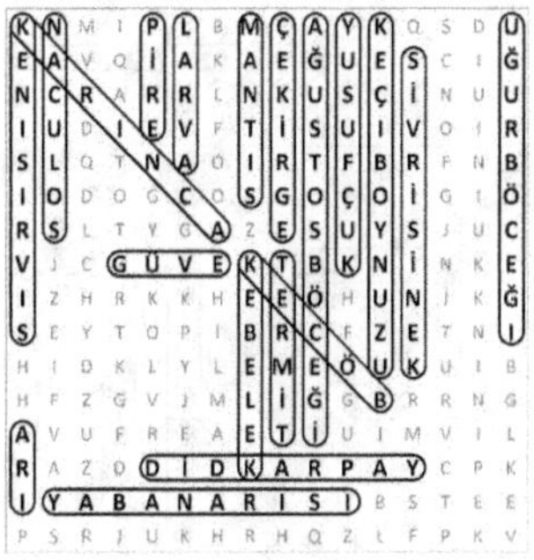

37 - Astronomy

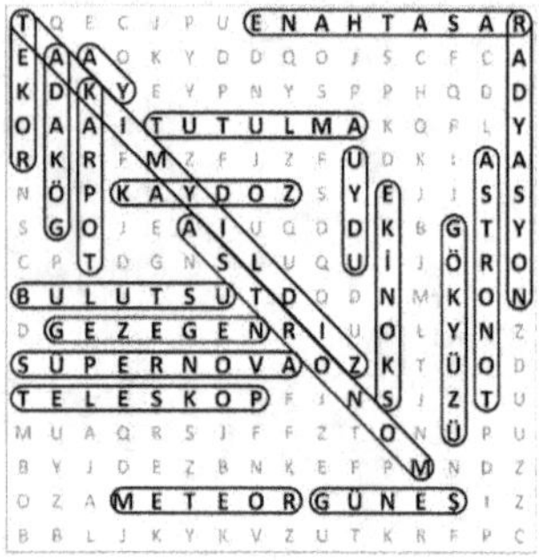

38 - Health and Wellness #2

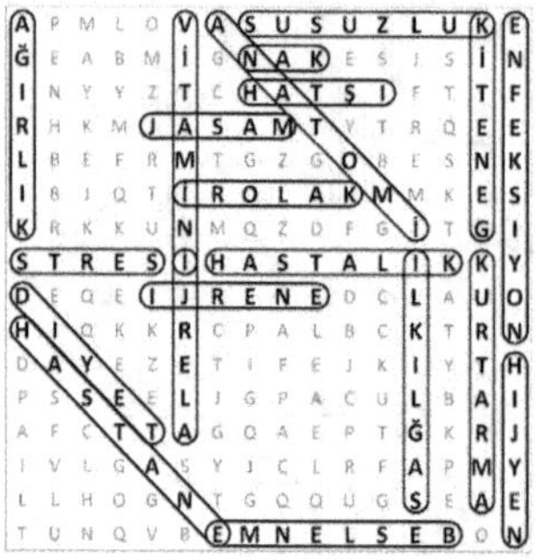

39 - Disease

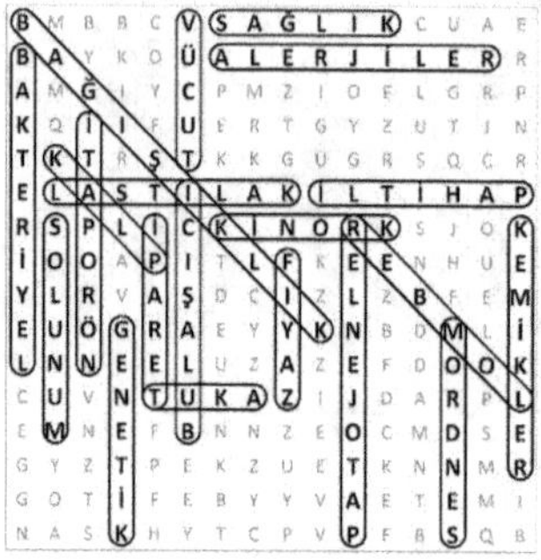

40 - Time

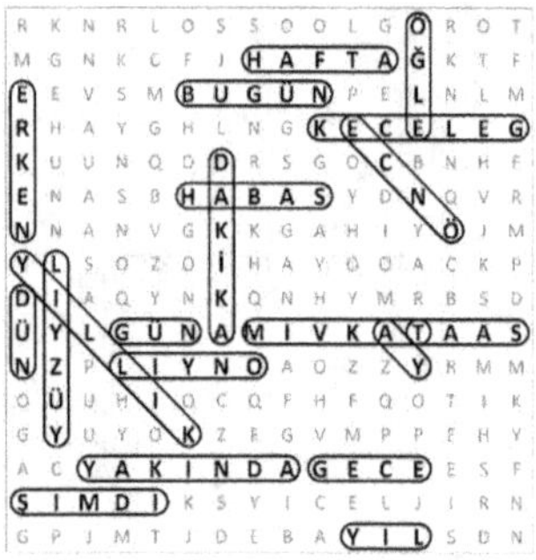

41 - Buildings

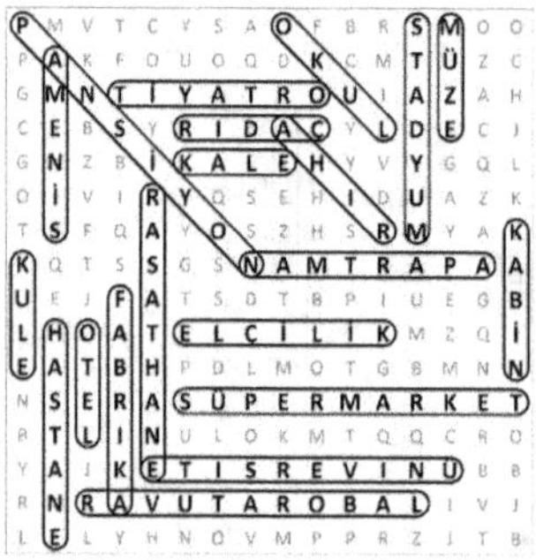

42 - Gardening

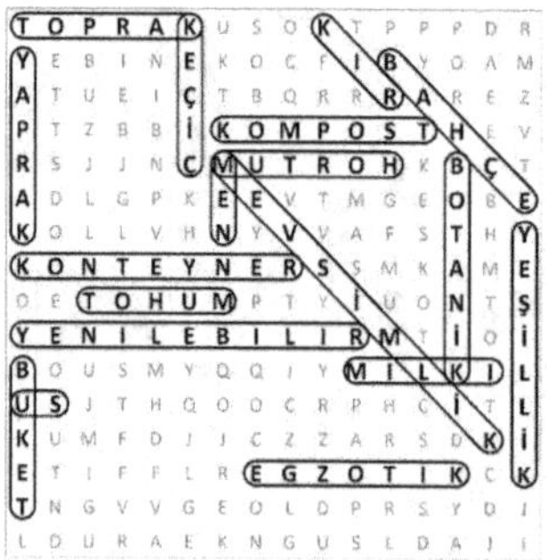

43 - Herbalism

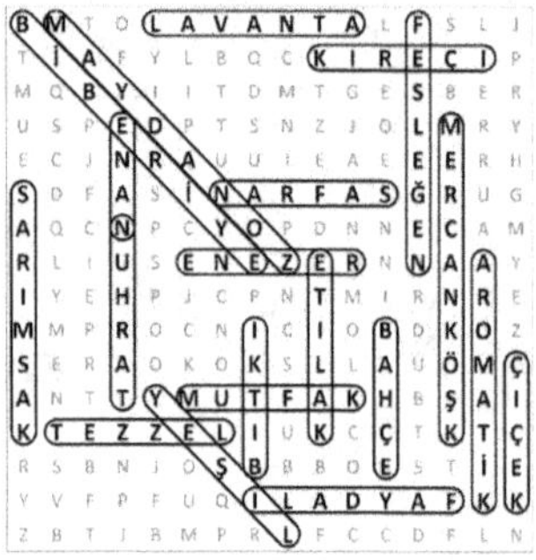

44 - Vehicles

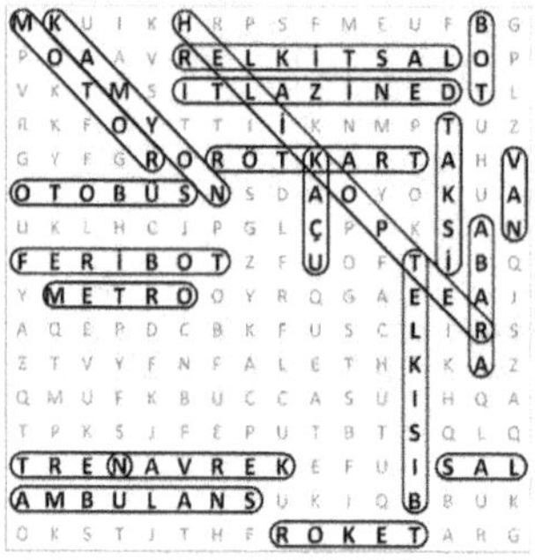

45 - Flowers

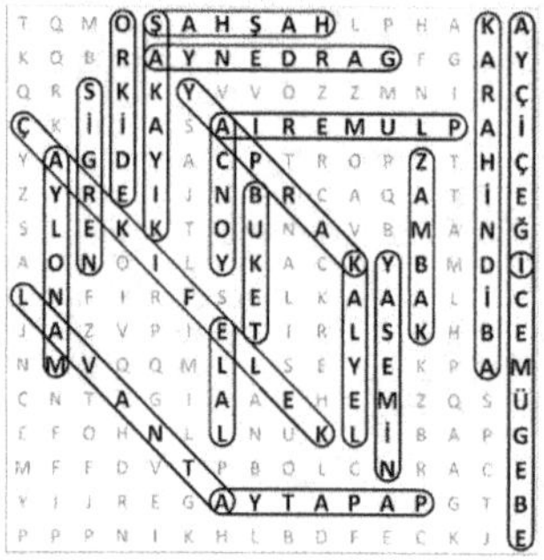

46 - Health and Wellness #1

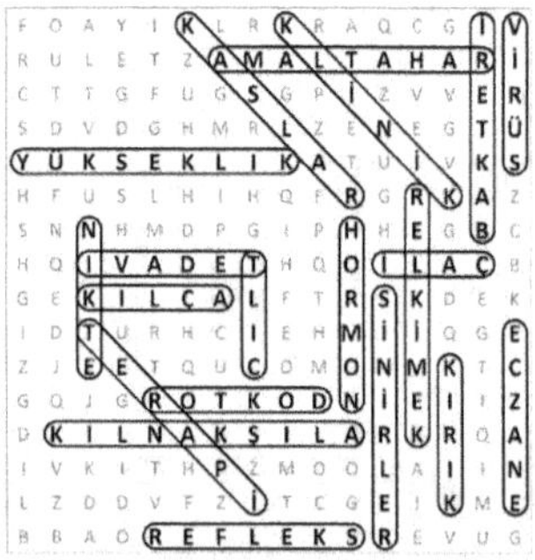

47 - Town

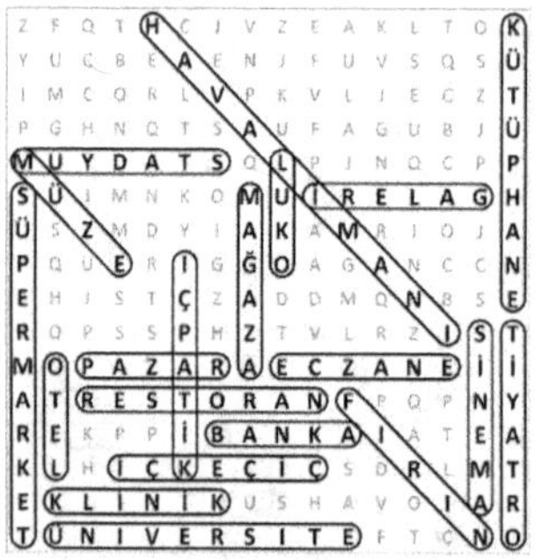

48 - Antarctica

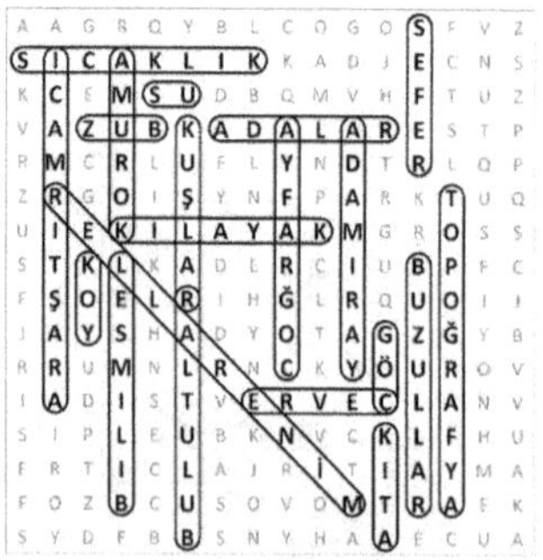

49 - Ballet

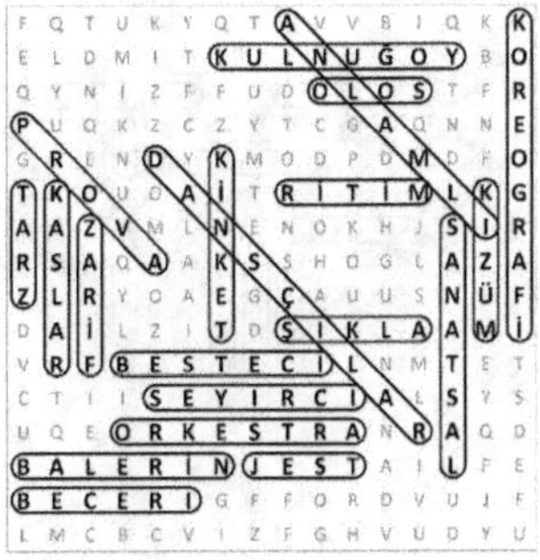

50 - Fashion

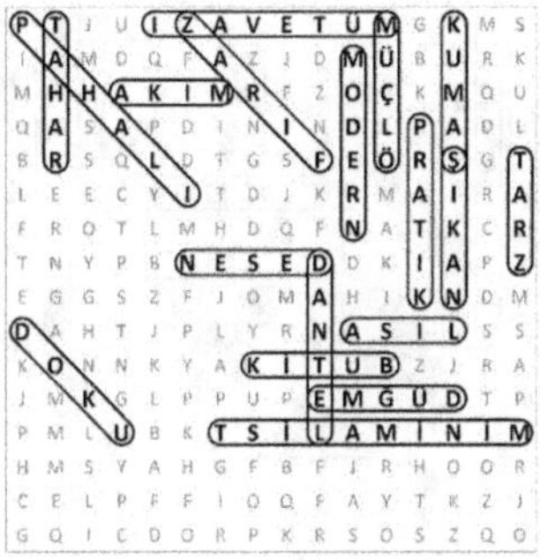

51 - Human Body

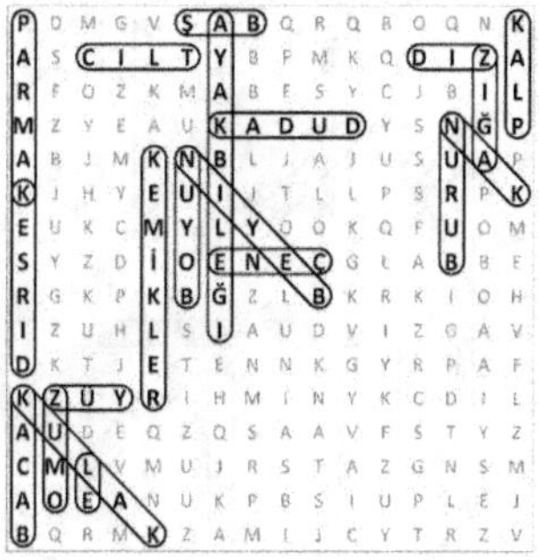

52 - Musical Instruments

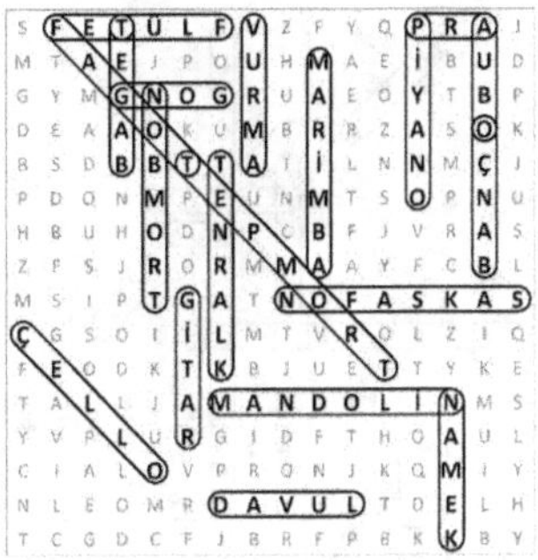

53 - Fruit

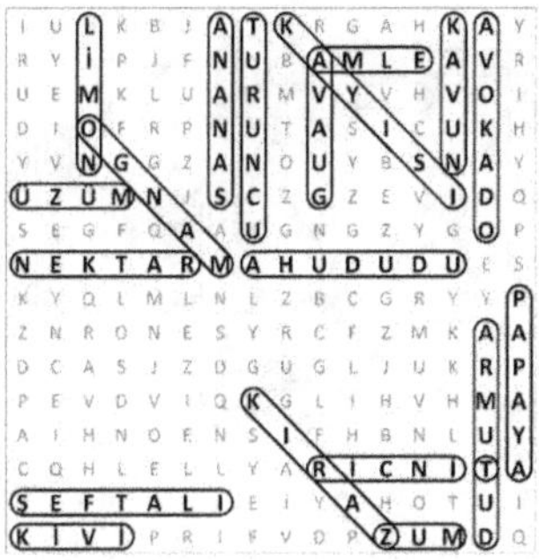

54 - Engineering

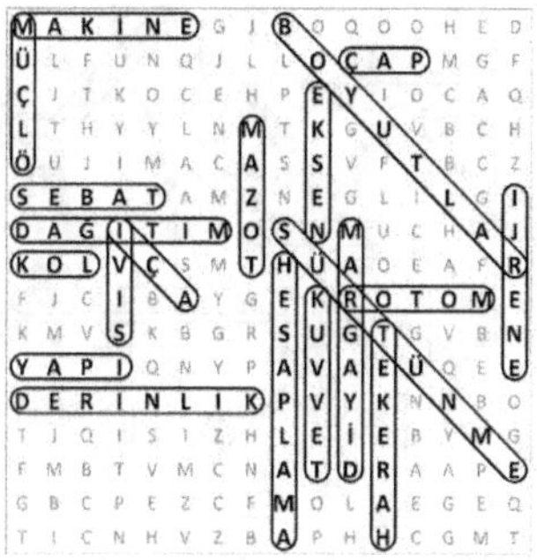

55 - Kitchen

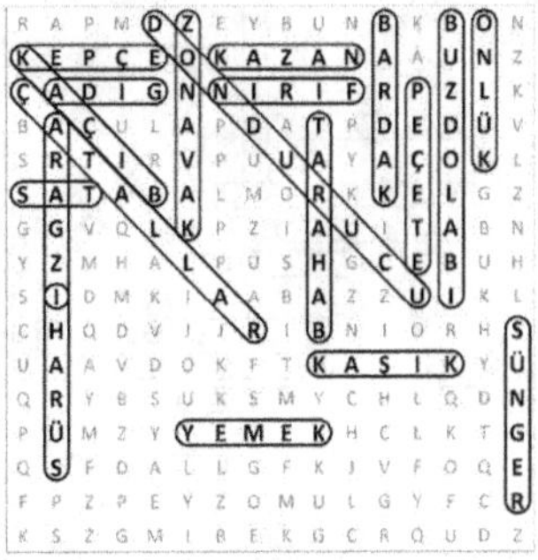

56 - Government

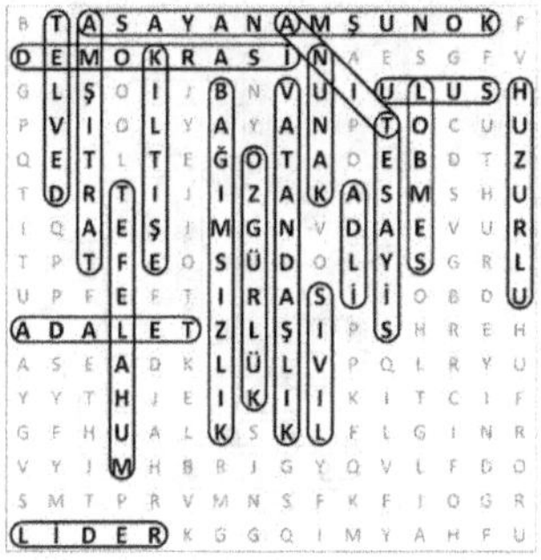

57 - Art Supplies

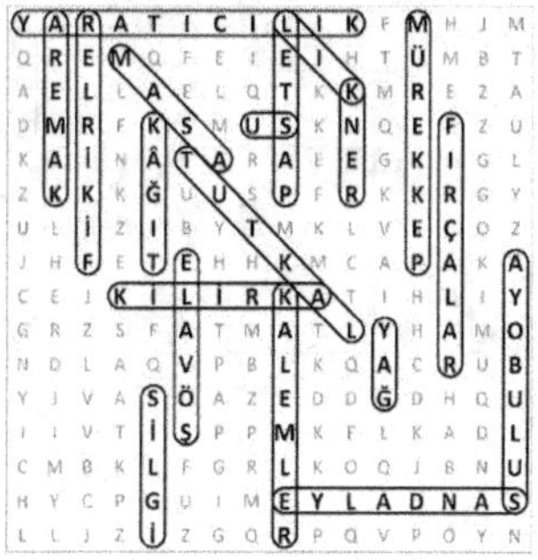

58 - Science Fiction

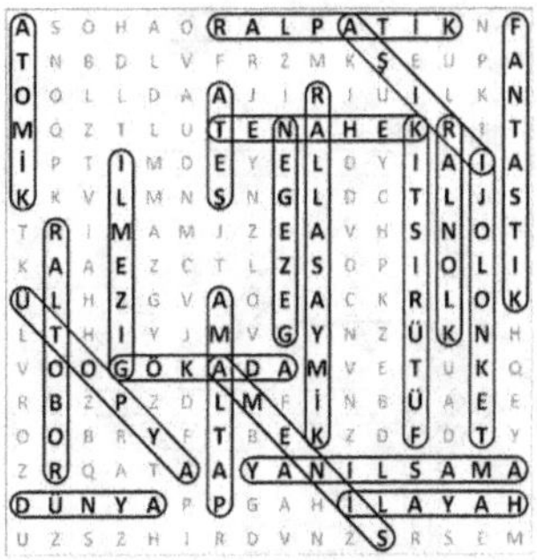

59 - Geometry

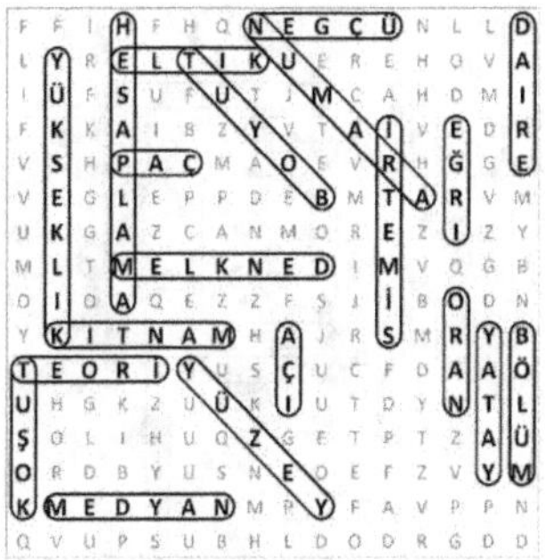

60 - Airplanes

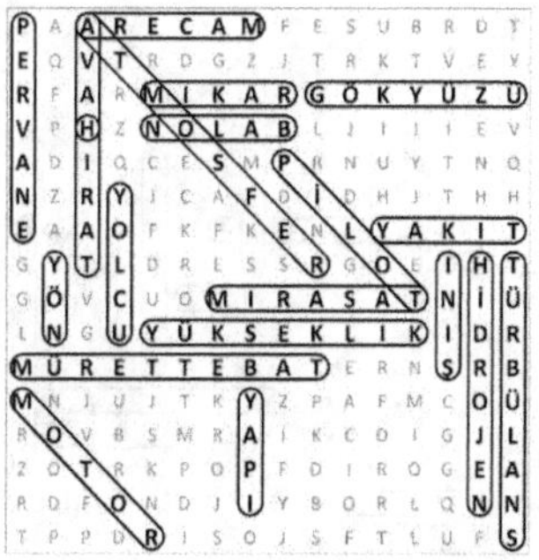

61 - Ocean

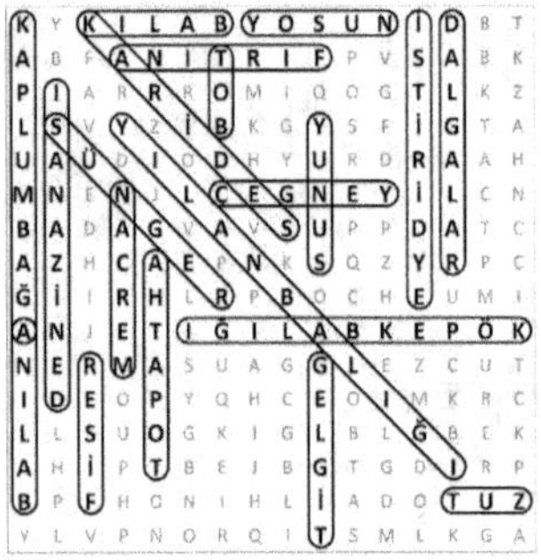

62 - Force and Gravity

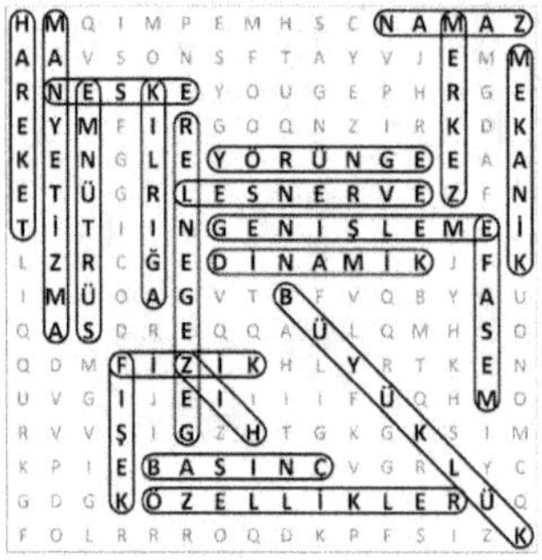

63 - Birds

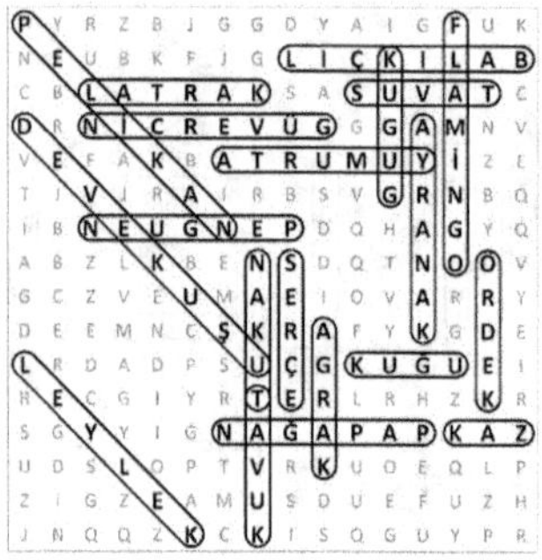

64 - Politics

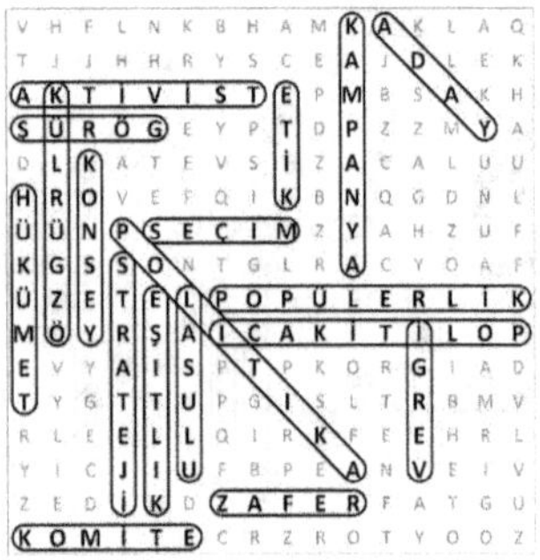

65 - Nutrition

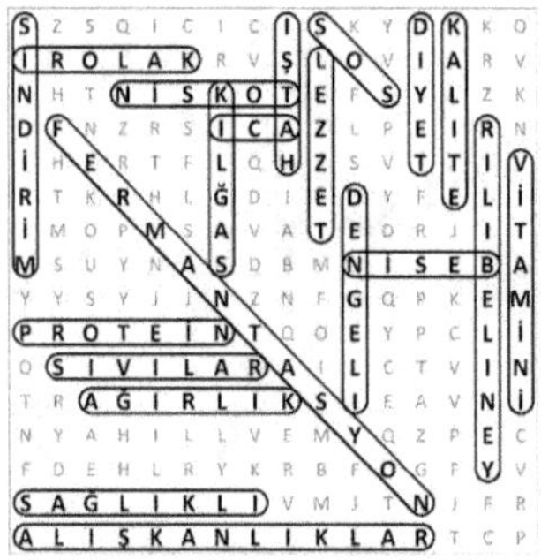

66 - Hiking

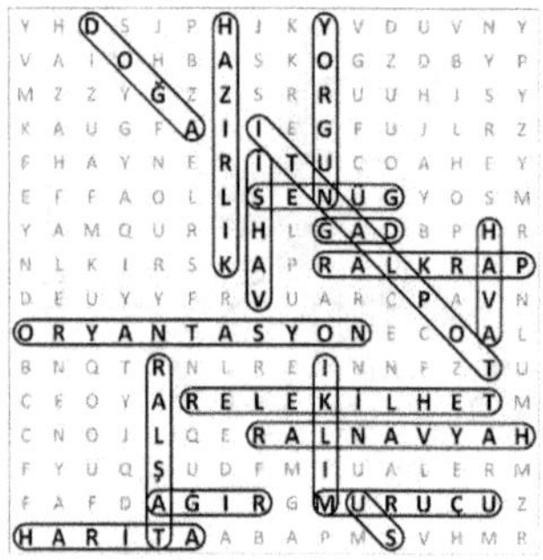

67 - Professions #1

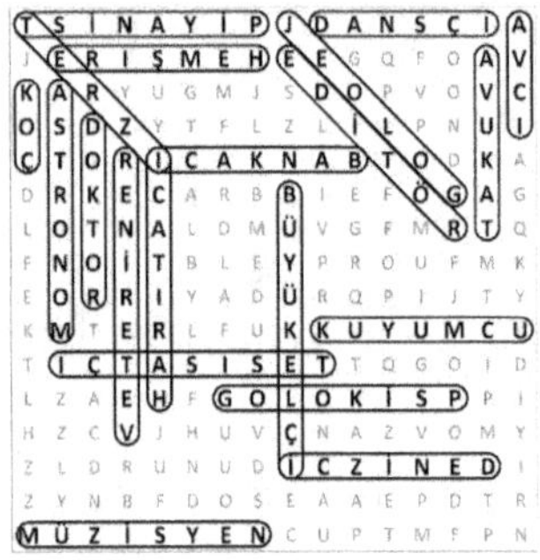

68 - Barbecues

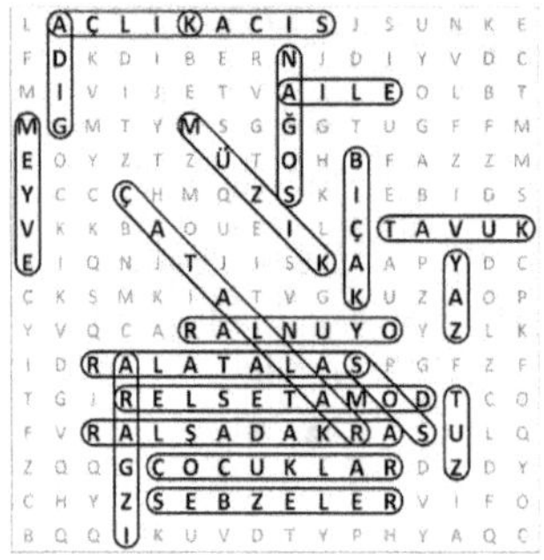

69 - Chocolate

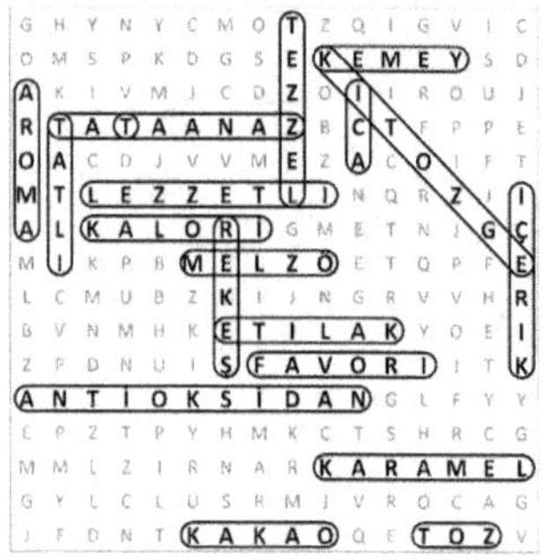

70 - Vegetables

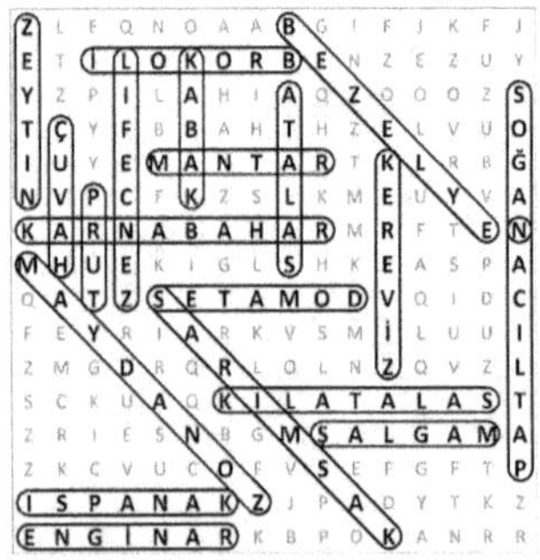

71 - Boats

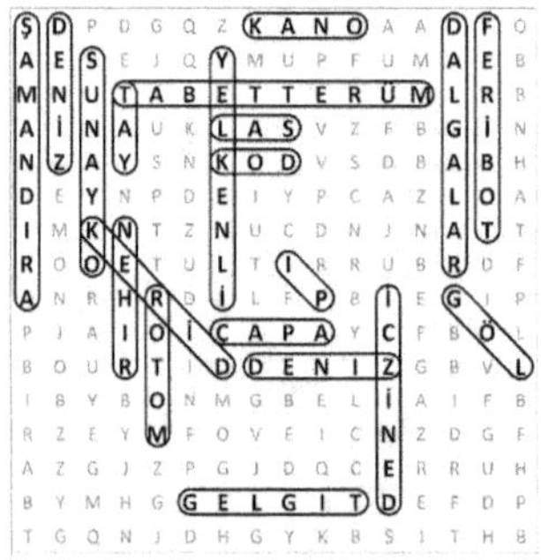

72 - Activities and Leisure

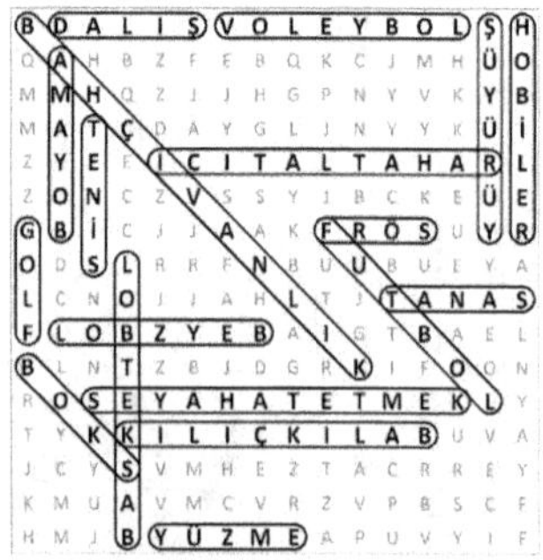

73 - Driving

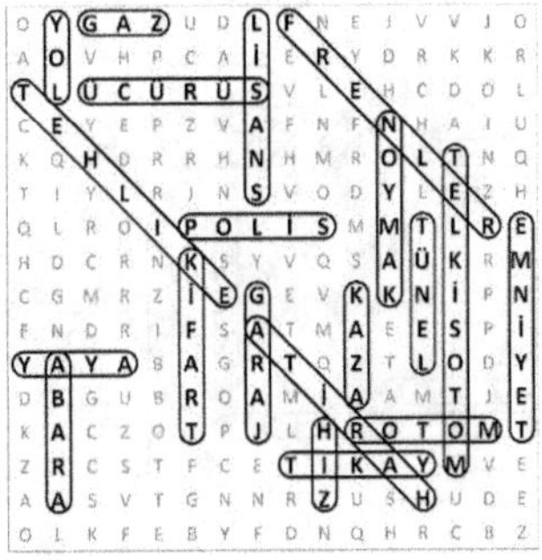

74 - Biology

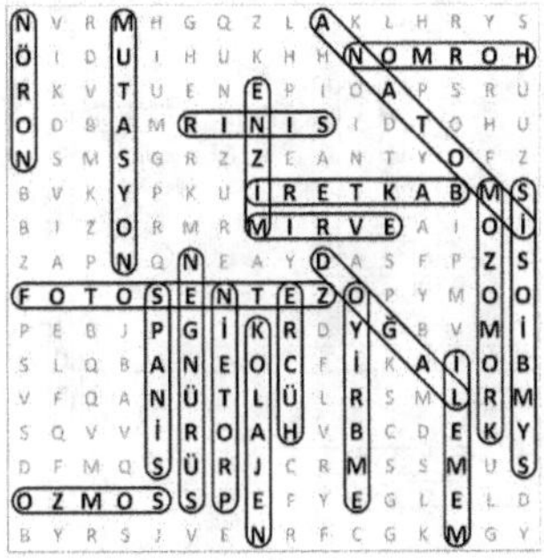

75 - Professions #2

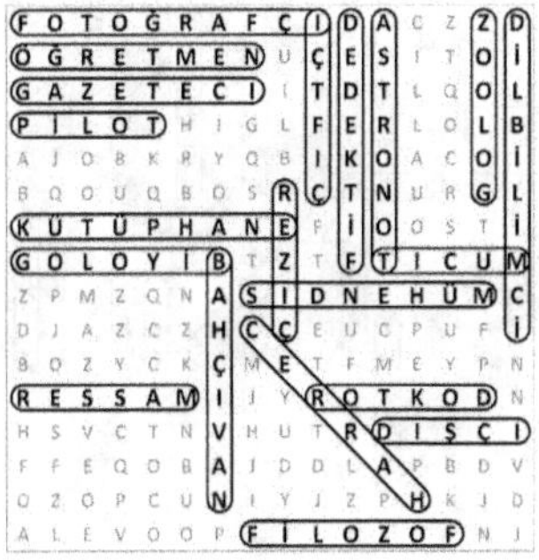

76 - Emotions

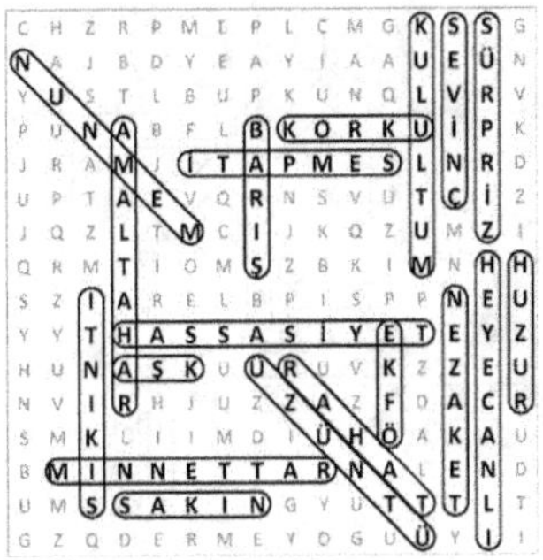

77 - Mythology

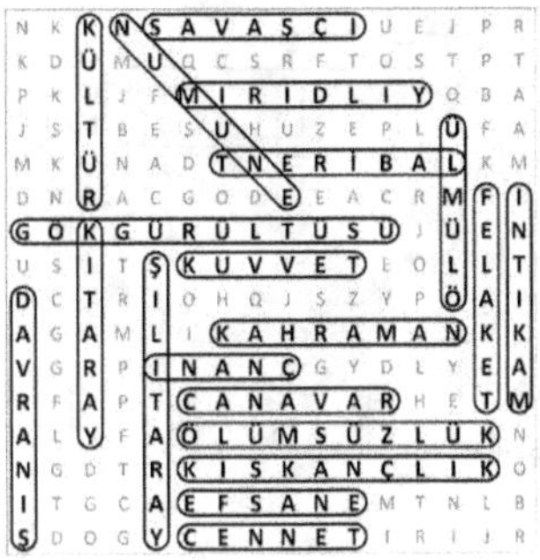

78 - Agronomy

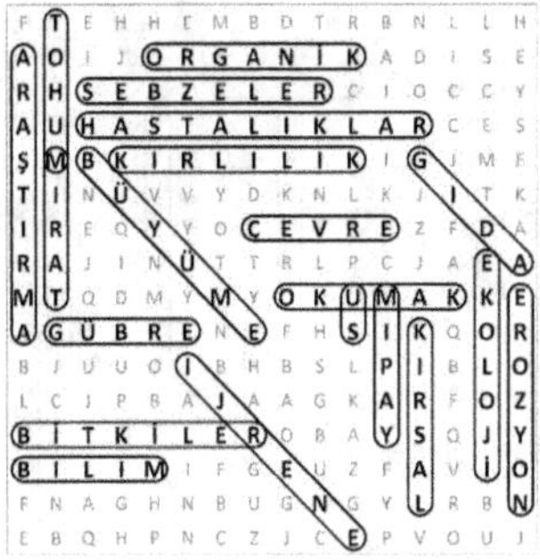

79 - Hair Types

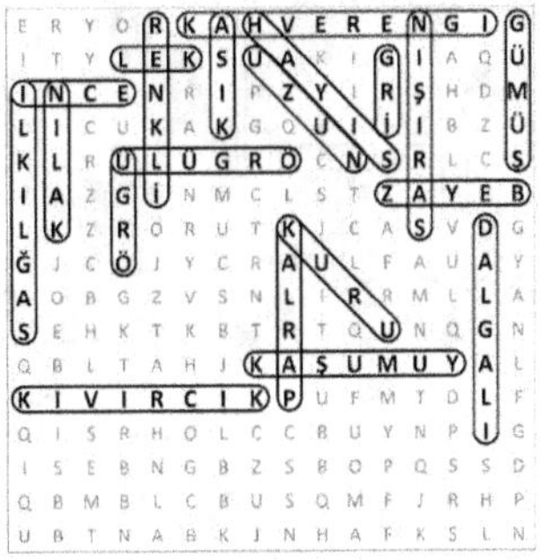

80 - Garden

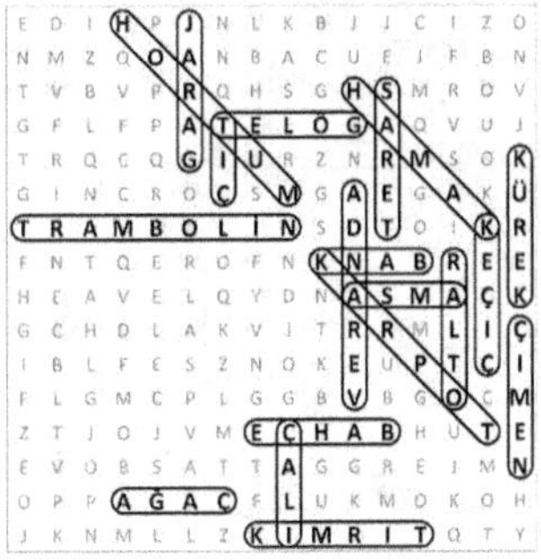

81 - Diplomacy

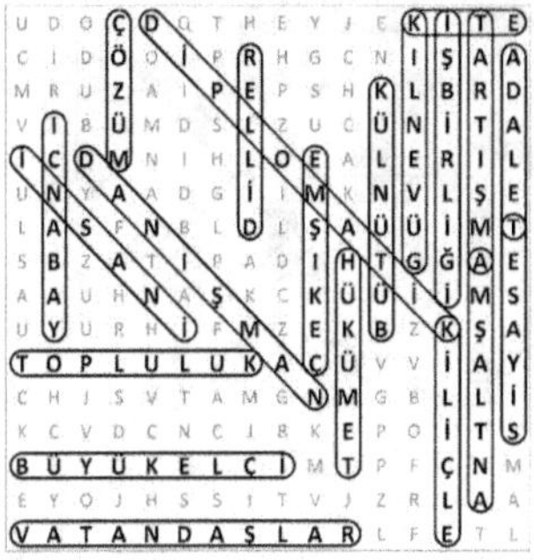

82 - Countries #1

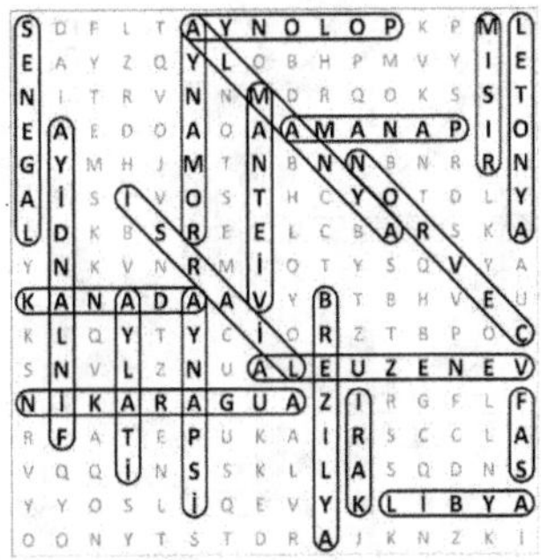

83 - Adjectives #1

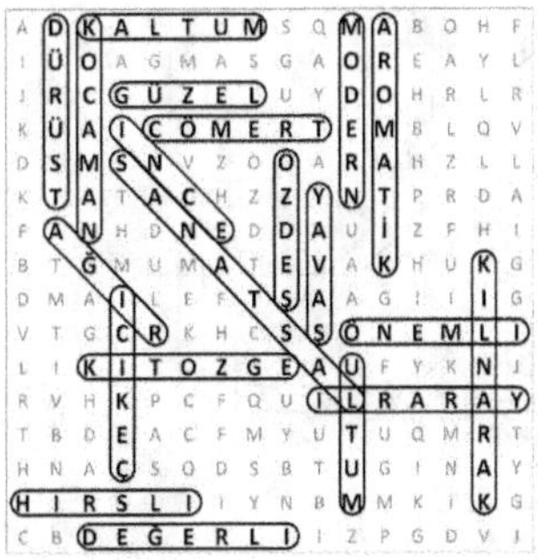

84 - Global Warming

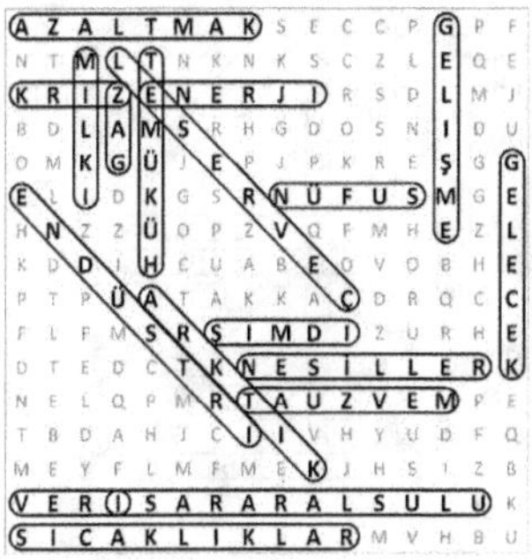

85 - Landscapes

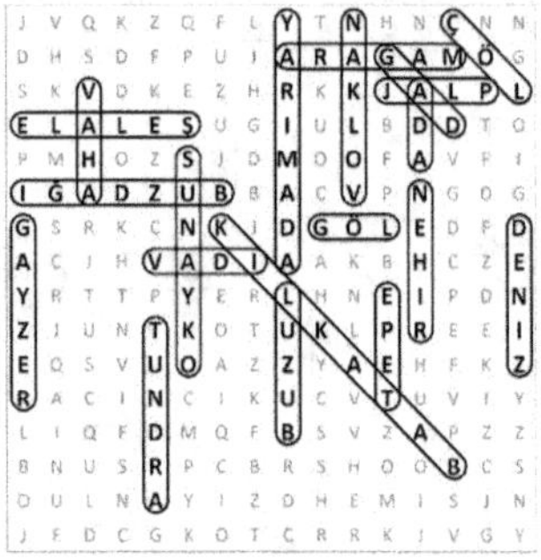

86 - Plants

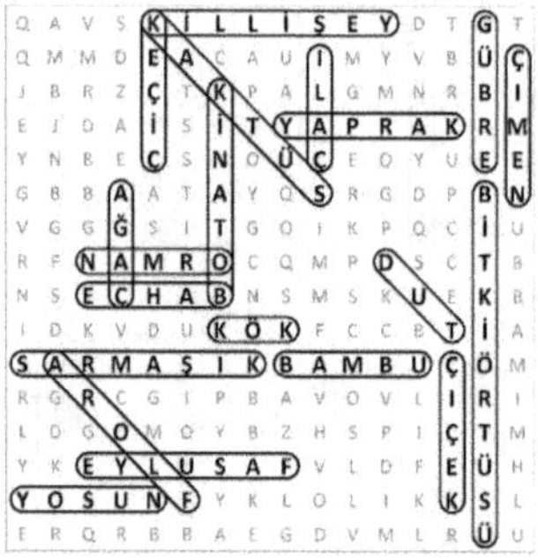

87 - Boxing

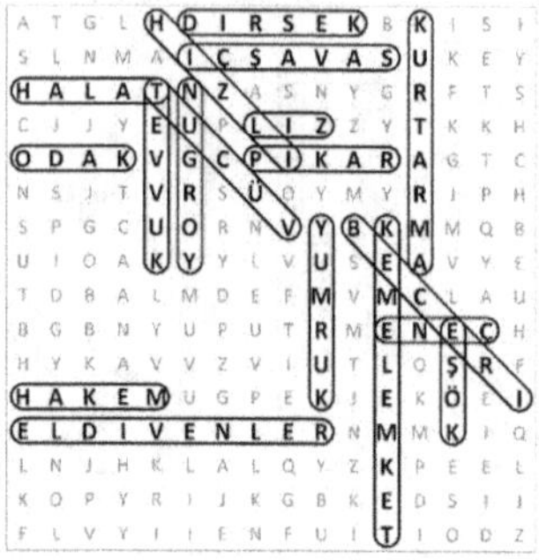

88 - Countries #2

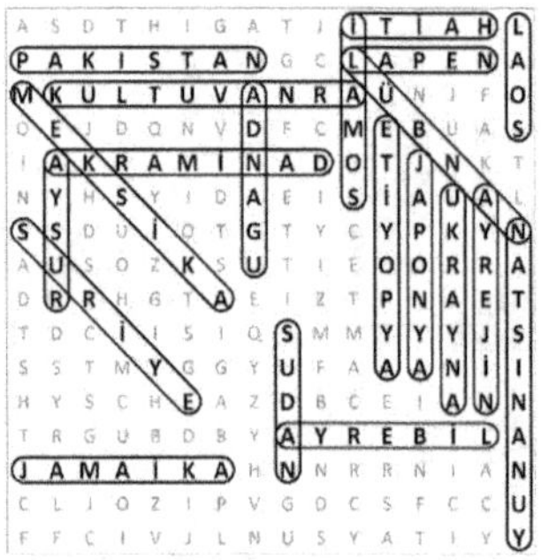

89 - Adjectives #2

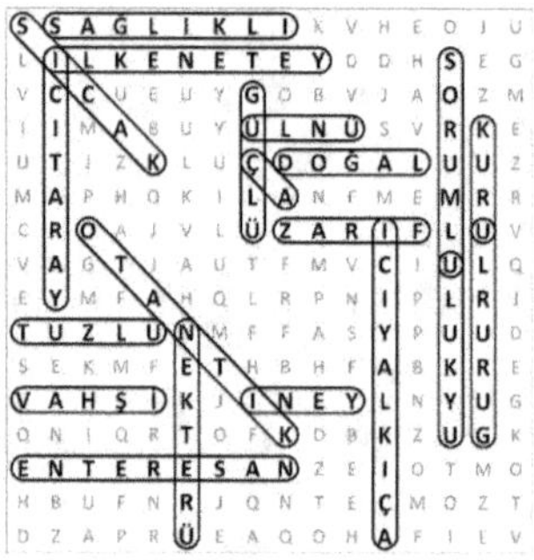

90 - Psychology

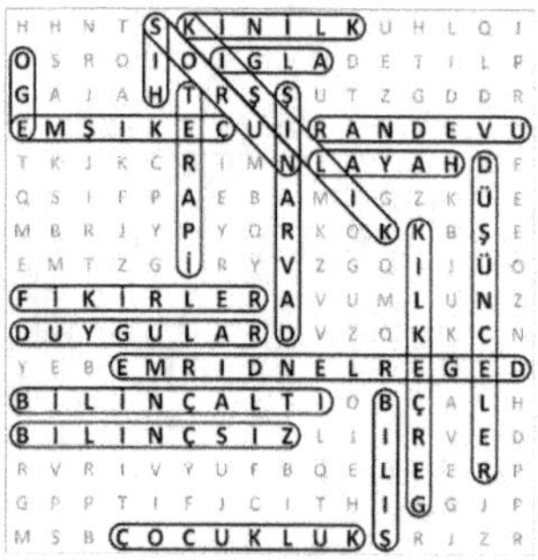

91 - Math

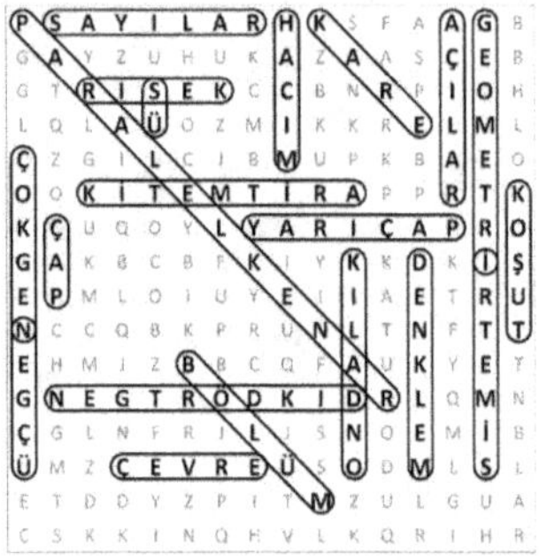

92 - Activities

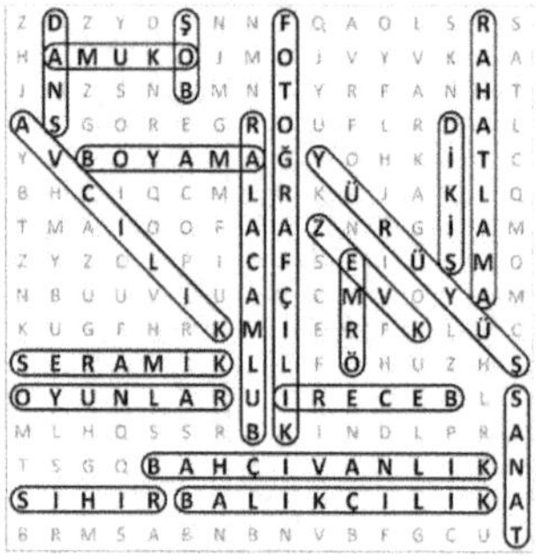

93 - Business

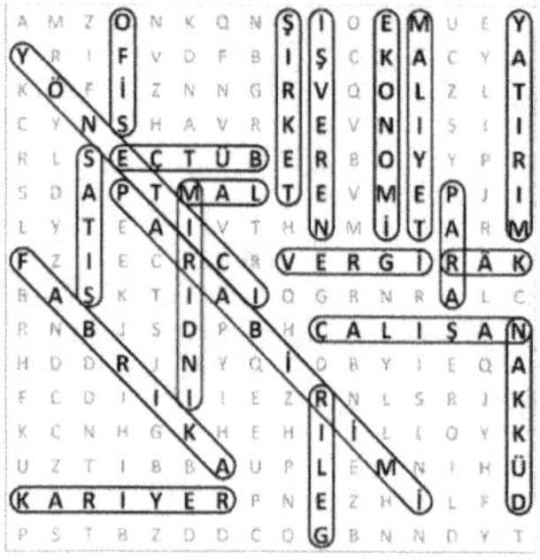

94 - The Company

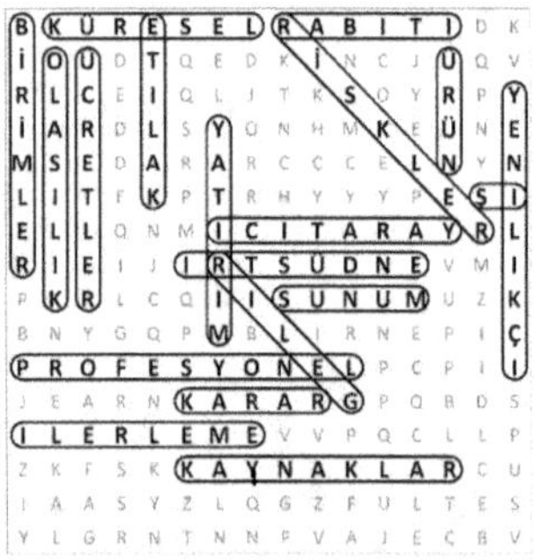

95 - Literature

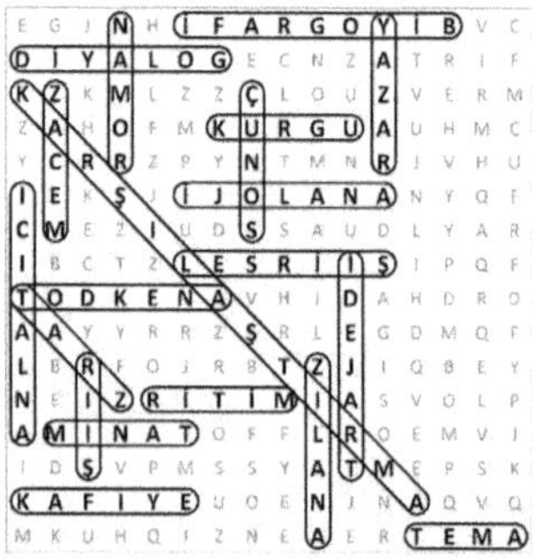

96 - Geography

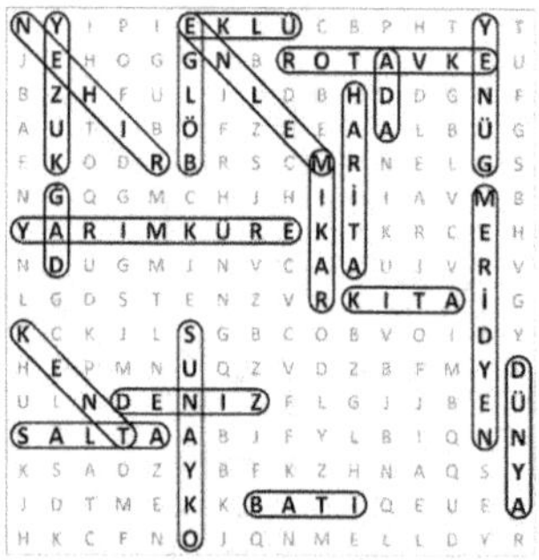

97 - Jazz

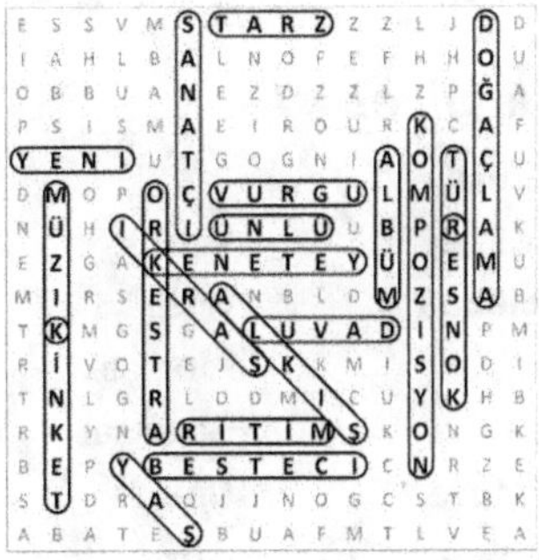

98 - Nature

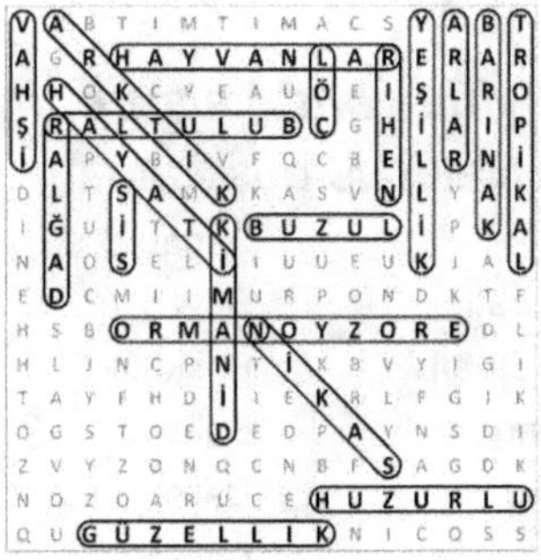

99 - Vacation #2

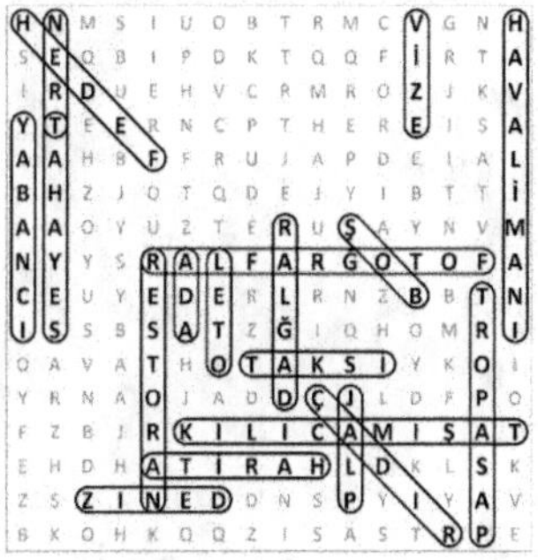

100 - Electricity

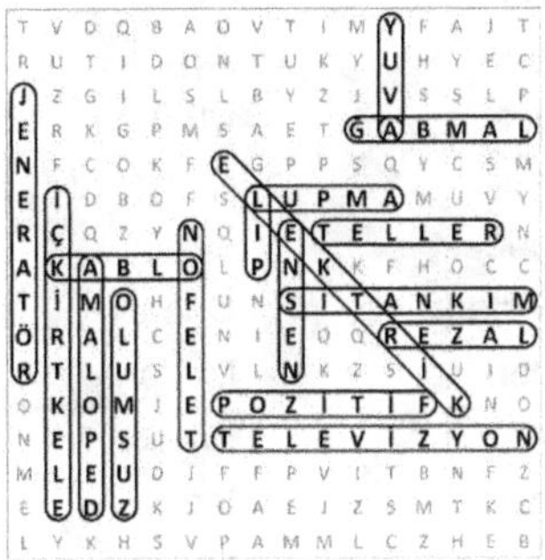

Dictionary

Activities
Etkinlikler

Art	Sanat
Ceramics	Seramik
Dancing	Dans
Fishing	Balikçilik
Games	Oyunlar
Gardening	Bahçivanlik
Hiking	Yürüyüş
Hunting	Avcilik
Knitting	Örme
Leisure	Boş
Magic	Sihir
Painting	Boyama
Photography	Fotoğrafçilik
Pleasure	Zevk
Puzzles	Bulmacalar
Reading	Okuma
Relaxation	Rahatlama
Sewing	Dikiş
Skill	Beceri

Activities and Leisure
Aktiviteler ve boş Zaman

Art	Sanat
Baseball	Beyzbol
Basketball	Basketbol
Boxing	Boks
Diving	Daliş
Fishing	Balikçilik
Gardening	Bahçivanlik
Golf	Golf
Hiking	Yürüyüş
Hobbies	Hobiler
Painting	Boyama
Relaxing	Rahatlatici
Soccer	Futbol
Surfing	Sörf
Swimming	Yüzme
Tennis	Tenis
Travel	Seyahat Etmek
Volleyball	Voleybol

Adjectives #1
Sıfatlar #1

Absolute	Mutlak
Ambitious	Hirsli
Aromatic	Aromatik
Artistic	Sanatsal
Attractive	Çekici
Beautiful	Güzel
Dark	Karanlik
Exotic	Egzotik
Generous	Cömert
Happy	Mutlu
Heavy	Ağir
Helpful	Yararli
Honest	Dürüst
Huge	Kocaman
Identical	Özdeş
Important	Önemli
Modern	Modern
Slow	Yavaş
Thin	Ince
Valuable	Değerli

Adjectives #2
Sıfatlar #2

Authentic	Otantik
Creative	Yaratici
Descriptive	Açiklayici
Dry	Kuru
Elegant	Zarif
Famous	Ünlü
Gifted	Yetenekli
Healthy	Sağlikli
Hot	Sicak
Hungry	Aç
Interesting	Enteresan
Natural	Doğal
New	Yeni
Productive	Üretken
Proud	Gururlu
Responsible	Sorumlu
Salty	Tuzlu
Sleepy	Uykulu
Strong	Güçlü
Wild	Vahşi

Adventure
Macera

Beauty	Güzellik
Bravery	Cesaret
Challenges	Zorluklar
Chance	Şans
Dangerous	Tehlikeli
Destination	Hedef
Difficulty	Zorluk
Enthusiasm	Heves
Excursion	Gezi
Friends	Arkadaşlar
Itinerary	Güzergah
Joy	Sevinç
Nature	Doğa
Navigation	Sefer
New	Yeni
Opportunity	Firsat
Preparation	Hazirlik
Safety	Emniyet
Surprising	Şaşirtici
Unusual	Olağan Dişi

Agronomy
Tarım

Agriculture	Tarim
Diseases	Hastaliklar
Ecology	Ekoloji
Energy	Enerji
Environment	Çevre
Erosion	Erozyon
Fertilizer	Gübre
Food	Gida
Growth	Büyüme
Organic	Organik
Plants	Bitkiler
Pollution	Kirlilik
Production	Yapim
Research	Araştirma
Rural	Kirsal
Science	Bilim
Seeds	Tohum
Study	Okumak
Vegetables	Sebzeler
Water	Su

Airplanes
Uçaklar

Adventure	Macera
Air	Hava
Altitude	Rakim
Atmosphere	Atmosfer
Balloon	Balon
Construction	Yapi
Crew	Mürettebat
Descent	Iniş
Design	Tasarim
Direction	Yön
Engine	Motor
Fuel	Yakit
Height	Yükseklik
History	Tarih
Hydrogen	Hidrojen
Passenger	Yolcu
Pilot	Pilot
Propellers	Pervane
Sky	Gökyüzü
Turbulence	Türbülans

Algebra
Cebir

Addition	Ek
Diagram	Diyagram
Division	Bölüm
Equation	Denklem
Exponent	Üs
Factor	Faktör
False	Yanliş
Formula	Formül
Fraction	Kesir
Infinite	Sonsuz
Linear	Doğrusal
Matrix	Matris
Number	Numara
Parenthesis	Parantez
Problem	Sorun
Simplify	Basitleştir
Solution	Çözüm
Subtraction	Çikarma
Variable	Değişken
Zero	Sifir

Antarctica
Antarktika

Bay	Koy
Birds	Kuşlar
Clouds	Bulutlar
Conservation	Koruma
Continent	Kita
Environment	Çevre
Expedition	Sefer
Geography	Coğrafya
Glaciers	Buzullar
Ice	Buz
Islands	Adalar
Migration	Göç
Minerals	Mineraller
Peninsula	Yarimada
Researcher	Araştirmaci
Rocky	Kayalik
Scientific	Bilimsel
Temperature	Sicaklik
Topography	Topoğrafya
Water	Su

Antiques
Antikacılar

Art	Sanat
Authentic	Otantik
Century	Yüzyil
Coins	Sikke
Condition	Şart
Decorative	Dekoratif
Elegant	Zarif
Furniture	Mobilya
Gallery	Galeri
Investment	Yatirim
Jewelry	Taki
Old	Yaş
Price	Fiyat
Quality	Kalite
Restoration	Restorasyon
Sculpture	Heykel
Style	Tarz
Unusual	Olağan Dişi
Value	Değer

Archeology
Arkeoloji

Analysis	Analiz
Bones	Kemikler
Civilization	Medeniyet
Descendant	Döl
Era	Çağ
Evaluation	Değerlendirme
Expert	Uzman
Forgotten	Unutulmuş
Fossil	Fosil
Fragments	Parça
Mystery	Gizem
Objects	Nesne
Professor	Profesör
Relic	Kalinti
Researcher	Araştirmaci
Team	Takim
Temple	Tapinak
Tomb	Mezar
Unknown	Bilinmeyen

Art Supplies
Sanat Malzemeleri

Acrylic	Akrilik
Brushes	Firçalar
Camera	Kamera
Chair	Sandalye
Clay	Kil
Colors	Renk
Creativity	Yaraticilik
Easel	Şövale
Eraser	Silgi
Glue	Tutkal
Ideas	Fikirler
Ink	Mürekkep
Oil	Yağ
Paper	Kâğit
Pastels	Pastel
Pencils	Kalemler
Table	Masa
Water	Su
Watercolors	Suluboya

Astronomy
Astronomi

Astronaut	Astronot
Astronomer	Astronom
Constellation	Takimyildiz
Earth	Toprak
Eclipse	Tutulma
Equinox	Ekinoks
Galaxy	Gökada
Meteor	Meteor
Moon	Ay
Nebula	Bulutsu
Observatory	Rasathane
Planet	Gezegen
Radiation	Radyasyon
Rocket	Roket
Satellite	Uydu
Sky	Gökyüzü
Solar	Güneş
Supernova	Süpernova
Telescope	Teleskop
Zodiac	Zodyak

Ballet
Bale

Applause	Alkiş
Artistic	Sanatsal
Audience	Seyirci
Ballerina	Balerin
Choreography	Koreografi
Composer	Besteci
Dancers	Dansçilar
Expressive	Anlamli
Gesture	Jest
Graceful	Zarif
Intensity	Yoğunluk
Muscles	Kaslar
Music	Müzik
Orchestra	Orkestra
Rehearsal	Prova
Rhythm	Ritim
Skill	Beceri
Solo	Solo
Style	Tarz
Technique	Teknik

Barbecues
Barbeküler

Chicken	Tavuk
Children	Çocuklar
Family	Aile
Food	Gida
Forks	Çatallar
Friends	Arkadaşlar
Fruit	Meyve
Games	Oyunlar
Grill	Izgara
Hot	Sicak
Hunger	Açlik
Knives	Biçak
Music	Müzik
Onions	Soğan
Salads	Salatalar
Salt	Tuz
Sauce	Sos
Summer	Yaz
Tomatoes	Domatesler
Vegetables	Sebzeler

Beauty
Güzellik

Charm	Cazibe
Color	Renk
Cosmetics	Kozmetik
Elegance	Zarafet
Elegant	Zarif
Fragrance	Koku
Grace	Lütuf
Lipstick	Ruj
Makeup	Makyaj
Mascara	Maskara
Mirror	Ayna
Oils	Yağlar
Photogenic	Fotojenik
Scissors	Makas
Shampoo	Şampuan
Skin	Cilt
Smooth	Düz
Stylist	Stilist

Bees
Arılar

Beneficial	Faydali
Blossom	Çiçek
Diversity	Çeşitlilik
Ecosystem	Ekosistem
Flowers	Çiçekler
Food	Gida
Fruit	Meyve
Garden	Bahçe
Hive	Kovan
Honey	Bal
Insect	Böcek
Plants	Bitkiler
Pollen	Polen
Pollinator	Tozlayici
Queen	Kraliçe
Smoke	Duman
Sun	Güneş
Swarm	Sürü
Wax	Balmumu
Wings	Kanatlar

Biology
Biyoloji

Anatomy	Anatomi
Bacteria	Bakteri
Cell	Hücre
Chromosome	Kromozom
Collagen	Kolajen
Embryo	Embriyo
Enzyme	Enzim
Evolution	Evrim
Hormone	Hormon
Mammal	Memeli
Mutation	Mutasyon
Natural	Doğal
Nerve	Sinir
Neuron	Nöron
Osmosis	Ozmos
Photosynthesis	Fotosentez
Protein	Protein
Reptile	Sürüngen
Symbiosis	Symbiosis
Synapse	Sinaps

Birds
Kuşlar

Canary	Kanarya
Chicken	Tavuk
Crow	Karga
Cuckoo	Guguk
Dove	Güvercin
Duck	Ördek
Eagle	Kartal
Egg	Yumurta
Flamingo	Flamingo
Goose	Kaz
Heron	Balikçil
Ostrich	Devekuşu
Parrot	Papağan
Peacock	Tavus
Pelican	Pelikan
Penguin	Penguen
Sparrow	Serçe
Stork	Leylek
Swan	Kuğu
Toucan	Tukan

Boats
Tekneler

Anchor	Çapa
Buoy	Şamandira
Canoe	Kano
Crew	Mürettebat
Dock	Dok
Engine	Motor
Ferry	Feribot
Lake	Göl
Mast	Direk
Nautical	Deniz
Ocean	Okyanus
Raft	Sal
River	Nehir
Rope	Ip
Sailboat	Yelkenli
Sailor	Denizci
Sea	Deniz
Tide	Gelgit
Waves	Dalgalar
Yacht	Yat

Books
Kitaplar

Adventure	Macera
Author	Yazar
Collection	Koleksiyon
Context	Bağlam
Duality	İkilik
Epic	Destan
Historical	Tarih
Humorous	Mizahi
Inventive	Yaratici
Literary	Edebî
Narrator	Anlatici
Novel	Roman
Page	Sayfa
Poetry	Şiir
Reader	Okuyucu
Relevant	İlgili
Series	Dizi
Story	Öykü
Tragic	Trajik
Written	Yazili

Boxing
Kutulama

Bell	Zil
Body	Vücut
Chin	Çene
Corner	Köşe
Elbow	Dirsek
Exhausted	Yorgun
Fighter	Savaşçi
Fist	Yumruk
Focus	Odak
Gloves	Eldivenler
Kick	Tekmelemek
Opponent	Rakip
Quick	Hizli
Recovery	Kurtarma
Referee	Hakem
Ropes	Halat
Skill	Beceri
Strength	Kuvvet

Buildings
Site

Apartment	Apartman
Barn	Ahir
Cabin	Kabin
Castle	Kale
Cinema	Sinema
Embassy	Elçilik
Factory	Fabrika
Hospital	Hastane
Hostel	Pansiyon
Hotel	Otel
Laboratory	Laboratuvar
Museum	Müze
Observatory	Rasathane
School	Okul
Stadium	Stadyum
Supermarket	Süpermarket
Tent	Çadir
Theater	Tiyatro
Tower	Kule
University	Üniversite

Business
İşletme

Budget	Bütçe
Career	Kariyer
Company	Şirket
Cost	Maliyet
Currency	Para Birimi
Discount	Indirim
Economics	Ekonomi
Employee	Çalişan
Employer	Işveren
Factory	Fabrika
Income	Gelir
Investment	Yatirim
Manager	Yönetici
Merchandise	Mal
Money	Para
Office	Ofis
Profit	Kâr
Sale	Satiş
Shop	Dükkan
Taxes	Vergi

Camping
Kamp Yapmak

Adventure	Macera
Animals	Hayvanlar
Cabin	Kabin
Canoe	Kano
Compass	Pusula
Fire	Ateş
Forest	Orman
Fun	Eğlence
Hammock	Hamak
Hat	Şapka
Hunting	Avcilik
Insect	Böcek
Lake	Göl
Map	Harita
Moon	Ay
Mountain	Dağ
Nature	Doğa
Rope	Ip
Tent	Çadir
Trees	Ağaçlar

Chemistry
Kimya

Acid	Asit
Alkaline	Alkali
Atomic	Atomik
Carbon	Karbon
Catalyst	Katalizör
Chlorine	Klor
Electron	Elektron
Enzyme	Enzim
Gas	Gaz
Heat	Isi
Hydrogen	Hidrojen
Ion	İyon
Liquid	Sivi
Molecule	Molekül
Nuclear	Nükleer
Organic	Organik
Oxygen	Oksijen
Salt	Tuz
Temperature	Sicaklik
Weight	Ağirlik

Chess
Satranç

Black	Siyah
Challenges	Zorluklar
Champion	Şampiyon
Contest	Yarişma
Diagonal	Çapraz
Game	Oyun
King	Kral
Opponent	Rakip
Passive	Pasif
Player	Oyuncu
Queen	Kraliçe
Rules	Tüzük
Sacrifice	Kurban
Strategy	Strateji
Time	Zaman
To Learn	Öğrenmek
Tournament	Turnuva
White	Beyaz

Chocolate
Çikolatalı

Antioxidant	Antioksidan
Aroma	Aroma
Artisanal	Zanaat
Bitter	Aci
Cacao	Kakao
Calories	Kalori
Caramel	Karamel
Craving	Özlem
Delicious	Lezzetli
Exotic	Egzotik
Favorite	Favori
Flavor	Lezzet
Ingredient	Içerik
Powder	Toz
Quality	Kalite
Sugar	Şeker
Sweet	Tatli
Taste	Tat
To Eat	Yemek

Clothes
Giyim

Apron	Önlük
Belt	Kemer
Blouse	Bluz
Bracelet	Bilezik
Dress	Elbise
Fashion	Moda
Gloves	Eldivenler
Hat	Şapka
Jacket	Ceket
Jeans	Kot
Jewelry	Taki
Necklace	Kolye
Pajamas	Pijama
Pants	Pantolon
Sandals	Sandalet
Scarf	Eşarp
Shirt	Gömlek
Shoe	Ayakkabi
Skirt	Etek
Sweater	Kazak

Countries #1
Ülkeler #1

Brazil	Brezilya
Canada	Kanada
Egypt	Misir
Finland	Finlandiya
Germany	Almanya
Iraq	Irak
Israel	İsrail
Italy	İtalya
Latvia	Letonya
Libya	Libya
Morocco	Fas
Nicaragua	Nikaragua
Norway	Norveç
Panama	Panama
Poland	Polonya
Romania	Romanya
Senegal	Senegal
Spain	İspanya
Venezuela	Venezuela
Vietnam	Vietnam

Countries #2
Ülkeler #2

Albania	Arnavutluk
Denmark	Danimarka
Ethiopia	Etiyopya
Greece	Yunanistan
Haiti	Haiti
Jamaica	Jamaika
Japan	Japonya
Laos	Laos
Lebanon	Lübnan
Liberia	Liberya
Mexico	Meksika
Nepal	Nepal
Nigeria	Nijerya
Pakistan	Pakistan
Russia	Rusya
Somalia	Somali
Sudan	Sudan
Syria	Suriye
Uganda	Uganda
Ukraine	Ukrayna

Dance
Dans

Academy	Akademi
Art	Sanat
Body	Vücut
Choreography	Koreografi
Classical	Klasik
Cultural	Kültürel
Culture	Kültür
Emotion	Duygu
Expressive	Anlamli
Grace	Lütuf
Joyful	Neşeli
Movement	Hareket
Music	Müzik
Partner	Ortak
Posture	Duruş
Rehearsal	Prova
Rhythm	Ritim
Traditional	Geleneksel
Visual	Görsel

Days and Months
Günler ve Aylar

April	Nisan
August	Ağustos
Calendar	Takvim
February	Şubat
Friday	Cuma
January	Ocak
July	Temmuz
March	Mart
Monday	Pazartesi
Month	Ay
November	Kasim
October	Ekim
Saturday	Cumartesi
September	Eylül
Sunday	Pazar
Thursday	Perşembe
Tuesday	Sali
Wednesday	Çarşamba
Week	Hafta
Year	Yil

Diplomacy
Diplomasi

Adviser	Danişman
Ambassador	Büyükelçi
Citizens	Vatandaşlar
Community	Topluluk
Conflict	Çekişme
Cooperation	İşbirliği
Diplomatic	Diplomatik
Discussion	Tartişma
Embassy	Elçilik
Ethics	Etik
Foreign	Yabanci
Government	Hükümet
Humanitarian	İnsani
Integrity	Bütünlük
Justice	Adalet
Languages	Diller
Politics	Siyaset
Security	Güvenlik
Solution	Çözüm
Treaty	Antlaşma

Disease
Hastalık

Acute	Akut
Allergies	Alerjiler
Bacterial	Bakteriyel
Body	Vücut
Bones	Kemikler
Chronic	Kronik
Contagious	Bulaşici
Genetic	Genetik
Health	Sağlik
Heart	Kalp
Hereditary	Kalitsal
Immunity	Bağişiklik
Inflammation	İltihap
Lumbar	Lomber
Neuropathy	Nöropati
Pathogens	Patojenler
Respiratory	Solunum
Syndrome	Sendrom
Therapy	Terapi
Weak	Zayif

Driving
Sürüş

Accident	Kaza
Brakes	Frenler
Car	Araba
Danger	Tehlike
Driver	Sürücü
Fuel	Yakit
Garage	Garaj
Gas	Gaz
License	Lisans
Map	Harita
Motor	Motor
Motorcycle	Motosiklet
Pedestrian	Yaya
Police	Polis
Road	Yol
Safety	Emniyet
Speed	Hiz
Traffic	Trafik
Truck	Kamyon
Tunnel	Tünel

Electricity
Elektrik

Battery	Pil
Bulb	Ampul
Cable	Kablo
Electric	Elektrik
Electrician	Elektrikçi
Generator	Jeneratör
Lamp	Lamba
Laser	Lazer
Magnet	Miknatis
Negative	Olumsuz
Network	Ağ
Objects	Nesne
Positive	Pozitif
Socket	Yuva
Storage	Depolama
Telephone	Telefon
Television	Televizyon
Wires	Teller

Emotions
Duygular

Anger	Öfke
Bliss	Mutluluk
Boredom	Sikinti
Calm	Sakin
Excited	Heyecanli
Fear	Korku
Grateful	Minnettar
Joy	Sevinç
Kindness	Nezaket
Love	Aşk
Peace	Bariş
Relaxed	Rahat
Relief	Rahatlama
Sadness	Üzüntü
Satisfied	Memnun
Surprise	Sürpriz
Sympathy	Sempati
Tenderness	Hassasiyet
Tranquility	Huzur

Energy
Enerji

Battery	Pil
Carbon	Karbon
Diesel	Mazot
Electric	Elektrik
Electron	Elektron
Entropy	Entropi
Environment	Çevre
Fuel	Yakit
Gasoline	Benzin
Heat	Isi
Hydrogen	Hidrojen
Industry	Endüstri
Motor	Motor
Nuclear	Nükleer
Photon	Foton
Pollution	Kirlilik
Renewable	Yenilenebilir
Steam	Buhar
Turbine	Türbin
Wind	Rüzgar

Engineering
Mühendislik

Angle	Açi
Axis	Eksen
Calculation	Hesaplama
Depth	Derinlik
Diagram	Diyagram
Diameter	Çap
Diesel	Mazot
Dimensions	Boyutlar
Distribution	Dağitim
Energy	Enerji
Friction	Sürtünme
Levers	Kol
Liquid	Sivi
Machine	Makine
Measurement	Ölçüm
Motion	Hareket
Motor	Motor
Stability	Sebat
Strength	Kuvvet
Structure	Yapi

Ethics
Etik

Altruism	Özgecilik
Benevolent	Hayirsever
Compassion	Merhamet
Cooperation	İşbirliği
Dignity	Haysiyet
Diplomatic	Diplomatik
Honesty	Dürüstlük
Humanity	İnsanlik
Individualism	Bireycilik
Integrity	Bütünlük
Kindness	Nezaket
Optimism	Iyimserlik
Patience	Sabir
Philosophy	Felsefe
Rationality	Rasyonalite
Realism	Gerçekçilik
Reasonable	Makul
Respectful	Saygili
Tolerance	Tolerans
Wisdom	Bilgelik

Family
Aile

Ancestor	Ata
Aunt	Teyze
Brother	Erkek Kardeş
Child	Çocuk
Childhood	Çocukluk
Children	Çocuklar
Cousin	Kuzen
Daughter	Kiz Evlat
Grandchild	Torun
Grandfather	Büyük Baba
Grandmother	Büyükanne
Grandson	Erkek Torun
Husband	Koca
Mother	Anne
Nephew	Erkek Yeğen
Niece	Yeğen
Paternal	Baba
Sister	Kiz Kardeş
Uncle	Amca
Wife	Kadin Eş

Farm #1
Çiftlik #1

Agriculture	Tarim
Bee	Ari
Bison	Bizon
Calf	Buzaği
Cat	Kedi
Chicken	Tavuk
Cow	İnek
Crow	Karga
Dog	Köpek
Donkey	Eşek
Fence	Çit
Fertilizer	Gübre
Field	Alan
Goat	Keçi
Hay	Saman
Honey	Bal
Horse	At
Rice	Pirinç
Seeds	Tohum
Water	Su

Farm #2
Çiftlik #2

Animals	Hayvanlar
Barley	Arpa
Barn	Ahir
Corn	Misir
Duck	Ördek
Farmer	Çiftçi
Food	Gida
Fruit	Meyve
Irrigation	Sulama
Lamb	Kuzu
Llama	Lama
Meadow	Çayir
Milk	Süt
Orchard	Bahçe
Sheep	Koyun
Shepherd	Çoban
To Grow	Büyümek
Tractor	Traktör
Vegetable	Sebze
Wheat	Buğday

Fashion
Moda

Boutique	Butik
Buttons	Düğme
Comfortable	Rahat
Elegant	Zarif
Embroidery	Nakiş
Expensive	Pahali
Fabric	Kumaş
Lace	Dantel
Measurements	Ölçüm
Minimalist	Minimalist
Modern	Modern
Modest	Mütevazi
Original	Asil
Pattern	Desen
Practical	Pratik
Style	Tarz
Texture	Doku
Trend	Akim

Flowers
Çiçekler

Bouquet	Buket
Clover	Yonca
Daffodil	Nergis
Daisy	Papatya
Dandelion	Karahindiba
Gardenia	Gardenya
Hibiscus	Ebegümeci
Jasmine	Yasemin
Lavender	Lavanta
Lilac	Leylak
Lily	Zambak
Magnolia	Manolya
Orchid	Orkide
Passionflower	Çarkifelek
Peony	Şakayik
Petal	Yaprak
Plumeria	Plumeria
Poppy	Haşhaş
Sunflower	Ayçiçeği
Tulip	Lale

Food #1
Yemek #1

Apricot	Kayisi
Barley	Arpa
Basil	Fesleğen
Carrot	Havuç
Cinnamon	Tarçin
Garlic	Sarimsak
Juice	Meyve Suyu
Lemon	Limon
Milk	Süt
Onion	Soğan
Peanut	Fistik
Pear	Armut
Salad	Salata
Salt	Tuz
Soup	Çorba
Spinach	Ispanak
Strawberry	Çilek
Sugar	Şeker
Tuna	Balik
Turnip	Şalgam

Food #2
Yemek #2

Apple	Elma
Artichoke	Enginar
Banana	Muz
Broccoli	Brokoli
Celery	Kereviz
Cheese	Peynir
Cherry	Kiraz
Chicken	Tavuk
Chocolate	Çikolata
Egg	Yumurta
Eggplant	Patlican
Fish	Balik
Grape	Üzüm
Ham	Jambon
Kiwi	Kivi
Mushroom	Mantar
Rice	Pirinç
Tomato	Domates
Wheat	Buğday
Yogurt	Yoğurt

Force and Gravity

Kuvvet ve Yerçekimi

Axis	Eksen
Center	Merkez
Discovery	Keşif
Distance	Mesafe
Dynamic	Dinamik
Expansion	Genişleme
Friction	Sürtünme
Magnetism	Manyetizma
Magnitude	Büyüklük
Mechanics	Mekanik
Motion	Hareket
Orbit	Yörünge
Physics	Fizik
Planets	Gezegenler
Pressure	Basinç
Properties	Özellikler
Speed	Hiz
Time	Zaman
Universal	Evrensel
Weight	Ağirlik

Fruit

Meyve

Apple	Elma
Apricot	Kayisi
Avocado	Avokado
Banana	Muz
Berry	Dut
Cherry	Kiraz
Fig	İncir
Grape	Üzüm
Guava	Guava
Kiwi	Kivi
Lemon	Limon
Mango	Mango
Melon	Kavun
Nectarine	Nektar
Orange	Turuncu
Papaya	Papaya
Peach	Şeftali
Pear	Armut
Pineapple	Ananas
Raspberry	Ahududu

Garden

Bahçe

Bench	Bank
Bush	Çali
Fence	Çit
Flower	Çiçek
Garage	Garaj
Garden	Bahçe
Grass	Çimen
Hammock	Hamak
Hose	Hortum
Pond	Gölet
Porch	Veranda
Rake	Tirmik
Shovel	Kürek
Soil	Toprak
Terrace	Teras
Trampoline	Trambolin
Tree	Ağaç
Vine	Asma
Weeds	Otlar

Gardening

Bahçıvanlık

Botanical	Botanik
Bouquet	Buket
Climate	Iklim
Compost	Kompost
Container	Konteyner
Dirt	Kir
Edible	Yenilebilir
Exotic	Egzotik
Floral	Çiçek
Foliage	Yeşillik
Hose	Hortum
Leaf	Yaprak
Moisture	Nem
Orchard	Bahçe
Seasonal	Mevsimlik
Seeds	Tohum
Soil	Toprak
Water	Su

Geography

Coğrafya

Altitude	Rakim
Atlas	Atlas
City	Kent
Continent	Kita
Country	Ülke
Equator	Ekvator
Hemisphere	Yarimküre
Island	Ada
Latitude	Enlem
Map	Harita
Meridian	Meridyen
Mountain	Dağ
North	Kuzey
Ocean	Okyanus
River	Nehir
Sea	Deniz
South	Güney
Territory	Bölge
West	Bati
World	Dünya

Geology

Jeoloji

Acid	Asit
Calcium	Kalsiyum
Cavern	Mağara
Continent	Kita
Coral	Mercan
Crystals	Kristaller
Cycles	Döngüler
Earthquake	Deprem
Erosion	Erozyon
Fossil	Fosil
Geyser	Gayzer
Lava	Lav
Layer	Katman
Minerals	Mineraller
Plateau	Yayla
Quartz	Kuvars
Salt	Tuz
Stalactite	Sarkit
Stone	Taş
Volcano	Volkan

Geometry
Geometri

Angle	Açi
Calculation	Hesaplama
Circle	Daire
Curve	Eğri
Diameter	Çap
Dimension	Boyut
Equation	Denklem
Height	Yükseklik
Horizontal	Yatay
Logic	Mantik
Mass	Kitle
Median	Medyan
Number	Numara
Parallel	Koşut
Proportion	Oran
Segment	Bölüm
Surface	Yüzey
Symmetry	Simetri
Theory	Teori
Triangle	Üçgen

Global Warming
Küresel Isınma

Arctic	Arktik
Climate	Iklim
Crisis	Kriz
Data	Veri
Development	Gelişme
Energy	Enerji
Environmental	Çevresel
Future	Gelecek
Gas	Gaz
Generations	Nesiller
Government	Hükümet
Industry	Endüstri
International	Uluslararasi
Legislation	Mevzuat
Now	Şimdi
Populations	Nüfus
Temperatures	Sicakliklar
To Reduce	Azaltmak

Government
Devlet

Citizenship	Vatandaşlik
Civil	Sivil
Constitution	Anayasa
Democracy	Demokrasi
Discussion	Tartişma
Dissent	Muhalefet
Equality	Eşitlik
Independence	Bağimsizlik
Judicial	Adli
Justice	Adalet
Law	Kanun
Leader	Lider
Liberty	Özgürlük
Monument	Anit
Nation	Ulus
Peaceful	Huzurlu
Politics	Siyaset
Speech	Konuşma
State	Devlet
Symbol	Sembol

Hair Types
Saç Tipleri

Bald	Kel
Black	Siyah
Blond	Sarişin
Braided	Örgülü
Braids	Örgü
Brown	Kahverengi
Colored	Renkli
Curly	Kivircik
Dry	Kuru
Gray	Gri
Healthy	Sağlikli
Long	Uzun
Shiny	Parlak
Short	Kisa
Silver	Gümüş
Soft	Yumuşak
Thick	Kalin
Thin	Ince
Wavy	Dalgali
White	Beyaz

Health and Wellness #1
Sağlık ve Zindelik #1

Active	Etkin
Bacteria	Bakteri
Bones	Kemikler
Clinic	Klinik
Doctor	Doktor
Fracture	Kirik
Habit	Alişkanlik
Height	Yükseklik
Hormones	Hormon
Hunger	Açlik
Medicine	İlaç
Muscles	Kaslar
Nerves	Sinirler
Pharmacy	Eczane
Reflex	Refleks
Relaxation	Rahatlama
Skin	Cilt
Therapy	Terapi
Treatment	Tedavi
Virus	Virüs

Health and Wellness #2
Sağlık ve Zindelik #2

Allergy	Alerji
Anatomy	Anatomi
Appetite	Iştah
Blood	Kan
Calorie	Kalori
Dehydration	Susuzluk
Diet	Diyet
Disease	Hastalik
Energy	Enerji
Genetics	Genetik
Healthy	Sağlikli
Hospital	Hastane
Hygiene	Hijyen
Infection	Enfeksiyon
Massage	Masaj
Nutrition	Beslenme
Recovery	Kurtarma
Stress	Stres
Vitamin	Vitamini
Weight	Ağirlik

Herbalism
Bitkicilik

Aromatic	Aromatik
Basil	Fesleğen
Beneficial	Faydali
Culinary	Mutfak
Fennel	Rezene
Flavor	Lezzet
Flower	Çiçek
Garden	Bahçe
Garlic	Sarimsak
Green	Yeşil
Ingredient	Içerik
Lavender	Lavanta
Marjoram	Mercanköşk
Mint	Nane
Parsley	Maydanoz
Plant	Bitki
Quality	Kalite
Rosemary	Biberiye
Saffron	Safran
Tarragon	Tarhun

Hiking
Yürüyüş

Animals	Hayvanlar
Cliff	Uçurum
Climate	Iklim
Hazards	Tehlikeler
Heavy	Ağir
Map	Harita
Mountain	Dağ
Nature	Doğa
Orientation	Oryantasyon
Parks	Parklar
Preparation	Hazirlik
Stones	Taşlar
Summit	Toplanti
Sun	Güneş
Tired	Yorgun
Water	Su
Weather	Hava
Wild	Vahşi

House
Ev

Attic	Çati Kati
Broom	Süpürge
Curtains	Perdeler
Door	Kapi
Fence	Çit
Fireplace	Şömine
Floor	Zemin
Furniture	Mobilya
Garage	Garaj
Garden	Bahçe
Keys	Anahtarlar
Kitchen	Mutfak
Lamp	Lamba
Library	Kütüphane
Mirror	Ayna
Roof	Çati
Room	Oda
Shower	Duş
Wall	Duvar
Window	Pencere

Human Body
İnsan Vücudu

Ankle	Ayak Bileği
Blood	Kan
Bones	Kemikler
Brain	Beyin
Chin	Çene
Ear	Kulak
Elbow	Dirsek
Face	Yüz
Finger	Parmak
Hand	El
Head	Baş
Heart	Kalp
Knee	Diz
Leg	Bacak
Lips	Dudak
Mouth	Ağiz
Neck	Boyun
Nose	Burun
Shoulder	Omuz
Skin	Cilt

Insects
Böcekler

Ant	Karinca
Aphid	Yaprakdid
Bee	Ari
Beetle	Böcek
Butterfly	Kelebek
Cicada	Ağustosböceği
Dragonfly	Yusufçuk
Flea	Pire
Gnat	Sivrisinek
Grasshopper	Çekirge
Ladybug	Uğur Böceği
Larva	Larva
Locust	Keçiboynuzu
Mantis	Mantis
Mosquito	Sivrisinek
Moth	Güve
Termite	Termit
Wasp	Yaban Arisi
Worm	Solucan

Jazz
Cazcı

Album	Albüm
Applause	Alkiş
Artist	Sanatçi
Composer	Besteci
Composition	Kompozisyon
Concert	Konser
Drums	Davul
Emphasis	Vurgu
Famous	Ünlü
Genre	Tür
Improvisation	Doğaçlama
Music	Müzik
New	Yeni
Old	Yaş
Orchestra	Orkestra
Rhythm	Ritim
Song	Şarki
Style	Tarz
Talent	Yetenek
Technique	Teknik

Kitchen
Mutfak

Apron	Önlük
Bowl	Tas
Cups	Bardak
Food	Gida
Forks	Çatallar
Freezer	Dondurucu
Grill	Izgara
Jar	Kavanoz
Jug	Sürahi
Kettle	Kazan
Knives	Biçak
Ladle	Kepçe
Napkin	Peçete
Oven	Firin
Refrigerator	Buzdolabi
Spices	Baharat
Sponge	Sünger
Spoons	Kaşik
To Eat	Yemek

Landscapes
Manzaralar

Beach	Plaj
Cave	Mağara
Desert	Çöl
Geyser	Gayzer
Glacier	Buzul
Hill	Tepe
Iceberg	Buzdaği
Island	Ada
Lake	Göl
Mountain	Dağ
Oasis	Vaha
Ocean	Okyanus
Peninsula	Yarimada
River	Nehir
Sea	Deniz
Swamp	Bataklik
Tundra	Tundra
Valley	Vadi
Volcano	Volkan
Waterfall	Şelale

Literature
Edebiyat

Analogy	Analoji
Analysis	Analiz
Anecdote	Anekdot
Author	Yazar
Biography	Biyografi
Comparison	Karşilaştirma
Conclusion	Sonuç
Description	Tanim
Dialogue	Diyalog
Fiction	Kurgu
Metaphor	Mecaz
Narrator	Anlatici
Novel	Roman
Poem	Şiir
Poetic	Şiirsel
Rhyme	Kafiye
Rhythm	Ritim
Style	Tarz
Theme	Tema
Tragedy	Trajedi

Mammals
Memeliler

Bear	Ayi
Beaver	Kunduz
Bull	Boğa
Cat	Kedi
Coyote	Çakal
Dog	Köpek
Dolphin	Yunus
Elephant	Fil
Fox	Tilki
Giraffe	Zürafa
Gorilla	Goril
Horse	At
Kangaroo	Kanguru
Lion	Aslan
Monkey	Maymun
Rabbit	Tavşan
Sheep	Koyun
Whale	Balina
Wolf	Kurt
Zebra	Zebra

Math
Matematik

Angles	Açilar
Arithmetic	Aritmetik
Decimal	Ondalik
Diameter	Çap
Division	Bölüm
Equation	Denklem
Exponent	Üs
Fraction	Kesir
Geometry	Geometri
Numbers	Sayilar
Parallel	Koşut
Parallelogram	Paralelkenar
Perimeter	Çevre
Polygon	Çokgen
Radius	Yariçap
Rectangle	Dikdörtgen
Square	Kare
Symmetry	Simetri
Triangle	Üçgen
Volume	Hacim

Measurements
Ölçümler

Byte	Bayt
Centimeter	Santimetre
Decimal	Ondalik
Degree	Derece
Depth	Derinlik
Gram	Gram
Height	Yükseklik
Inch	İnç
Kilogram	Kilogram
Kilometer	Kilometre
Length	Uzunluk
Liter	Litre
Mass	Kitle
Meter	Metre
Minute	Dakika
Ounce	Ons
Ton	Ton
Volume	Hacim
Weight	Ağirlik
Width	Genişlik

Meditation
Meditasyon

Acceptance	Kabul
Awake	Uyanik
Breathing	Nefes Alma
Calm	Sakin
Clarity	Açiklik
Compassion	Merhamet
Emotions	Duygular
Gratitude	Minnettarlik
Habits	Alişkanliklar
Kindness	Nezaket
Mental	Zihinsel
Mind	Akil
Movement	Hareket
Music	Müzik
Nature	Doğa
Peace	Bariş
Perspective	Perspektif
Silence	Sessizlik
Thoughts	Düşünceler
To Learn	Öğrenmek

Music
Müzik

Album	Albüm
Chorus	Koro
Classical	Klasik
Eclectic	Eklektik
Harmonic	Harmonik
Harmony	Ahenk
Instrument	Enstrüman
Lyrical	Lirik
Melody	Melodi
Microphone	Mikrofon
Musical	Müzikal
Musician	Müzisyen
Opera	Opera
Poetic	Şiirsel
Recording	Kayit
Rhythm	Ritim
Rhythmic	Ritmik
Singer	Şarkici
Tempo	Tempo
Vocal	Vokal

Musical Instruments
Enstrüman

Banjo	Banço
Bassoon	Fagot
Cello	Çello
Clarinet	Klarnet
Drum	Davul
Drumsticks	Baget
Flute	Flüt
Gong	Gong
Guitar	Gitar
Harp	Arp
Mandolin	Mandolin
Marimba	Marimba
Oboe	Obua
Percussion	Vurma
Piano	Piyano
Saxophone	Saksafon
Tambourine	Tef
Trombone	Trombon
Trumpet	Trompet
Violin	Keman

Mythology
Mitoloji

Archetype	Numune
Behavior	Davraniş
Beliefs	Inanç
Creation	Yaratiliş
Creature	Yaratik
Culture	Kültür
Disaster	Felaket
Heaven	Cennet
Hero	Kahraman
Immortality	Ölümsüzlük
Jealousy	Kiskançlik
Labyrinth	Labirent
Legend	Efsane
Lightning	Yildirim
Monster	Canavar
Mortal	Ölümlü
Revenge	Intikam
Strength	Kuvvet
Thunder	Gök Gürültüsü
Warrior	Savaşçi

Nature
Doğa

Animals	Hayvanlar
Arctic	Arktik
Beauty	Güzellik
Bees	Arlar
Clouds	Bulutlar
Desert	Çöl
Dynamic	Dinamik
Erosion	Erozyon
Fog	Sis
Foliage	Yeşillik
Forest	Orman
Glacier	Buzul
Mountains	Dağlar
Peaceful	Huzurlu
River	Nehir
Sanctuary	Barinak
Serene	Sakin
Tropical	Tropikal
Vital	Hayati
Wild	Vahşi

Numbers
Şiir

Decimal	Ondalik
Eight	Sekiz
Eighteen	Onsekiz
Five	Beş
Four	Dört
Fourteen	On Dört
Nine	Dokuz
Nineteen	On Dokuz
One	Bir
Seven	Yedi
Seventeen	On Yedi
Six	Alti
Sixteen	On Alti
Ten	On
Thirteen	On Üç
Three	Üç
Twelve	On Iki
Twenty	Yirmi
Two	2
Zero	Sifir

Nutrition
Beslenme

Appetite	Iştah
Balanced	Dengeli
Bitter	Aci
Calories	Kalori
Diet	Diyet
Digestion	Sindirim
Edible	Yenilebilir
Fermentation	Fermantasyon
Flavor	Lezzet
Habits	Alişkanliklar
Health	Sağlik
Healthy	Sağlikli
Liquids	Sivilar
Nutrient	Besin
Proteins	Protein
Quality	Kalite
Sauce	Sos
Toxin	Toksin
Vitamin	Vitamini
Weight	Ağirlik

Ocean
Okyanus

Algae	Yosun
Boat	Bot
Coral	Mercan
Crab	Yengeç
Dolphin	Yunus
Eel	Yilan Baliği
Fish	Balik
Jellyfish	Denizanasi
Octopus	Ahtapot
Oyster	İstiridye
Reef	Resif
Salt	Tuz
Shark	Köpekbaliği
Shrimp	Karides
Sponge	Sünger
Storm	Firtina
Tides	Gelgit
Turtle	Kaplumbağa
Waves	Dalgalar
Whale	Balina

Physics
Fizikçi

Acceleration	Hizlanma
Atom	Atom
Chaos	Kaos
Chemical	Kimyasal
Density	Yoğunluk
Electron	Elektron
Engine	Motor
Expansion	Genişleme
Formula	Formül
Frequency	Siklik
Gas	Gaz
Magnetism	Manyetizma
Mass	Kitle
Mechanics	Mekanik
Molecule	Molekül
Nuclear	Nükleer
Particle	Partikül
Relativity	Görelilik
Universal	Evrensel
Velocity	Hiz

Plants
Bitkiler

Bamboo	Bambu
Bean	Fasulye
Berry	Dut
Blossom	Çiçek
Botany	Botanik
Bush	Çali
Cactus	Kaktüs
Fertilizer	Gübre
Flora	Flora
Flower	Çiçek
Foliage	Yeşillik
Forest	Orman
Garden	Bahçe
Grass	Çimen
Ivy	Sarmaşik
Moss	Yosun
Petal	Yaprak
Root	Kök
Tree	Ağaç
Vegetation	Bitki Örtüsü

Politics
Siyaset

Activist	Aktivist
Campaign	Kampanya
Candidate	Aday
Choice	Seçim
Committee	Komite
Council	Konsey
Equality	Eşitlik
Ethics	Etik
Freedom	Özgürlük
Government	Hükümet
National	Ulusal
Opinion	Görüş
Policy	Politika
Politician	Politikaci
Popularity	Popülerlik
Strategy	Strateji
Taxes	Vergi
Victory	Zafer

Professions #1
Meslekler #1

Ambassador	Büyükelçi
Astronomer	Astronom
Attorney	Avukat
Banker	Bankaci
Cartographer	Haritaci
Coach	Koç
Dancer	Dansçi
Doctor	Doktor
Editor	Editör
Geologist	Jeolog
Hunter	Avci
Jeweler	Kuyumcu
Musician	Müzisyen
Nurse	Hemşire
Pianist	Piyanist
Plumber	Tesisatçi
Psychologist	Psikolog
Sailor	Denizci
Tailor	Terzi
Veterinarian	Veteriner

Professions #2
Meslekler #2

Astronaut	Astronot
Biologist	Biyolog
Dentist	Dişçi
Detective	Dedektif
Engineer	Mühendis
Farmer	Çiftçi
Gardener	Bahçivan
Illustrator	Çizer
Inventor	Mucit
Journalist	Gazeteci
Librarian	Kütüphane
Linguist	Dilbilimci
Painter	Ressam
Philosopher	Filozof
Photographer	Fotoğrafçi
Physician	Doktor
Pilot	Pilot
Surgeon	Cerrah
Teacher	Öğretmen
Zoologist	Zoolog

Psychology
Psikoloji

Appointment	Randevu
Assessment	Değerlendirme
Behavior	Davraniş
Childhood	Çocukluk
Clinical	Klinik
Cognition	Biliş
Conflict	Çekişme
Dreams	Hayal
Ego	Ego
Emotions	Duygular
Ideas	Fikirler
Perception	Algi
Personality	Kişilik
Problem	Sorun
Reality	Gerçeklik
Sensation	His
Subconscious	Bilinçalti
Therapy	Terapi
Thoughts	Düşünceler
Unconscious	Bilinçsiz

Science
Bilim

Atom	Atom
Chemical	Kimyasal
Climate	Iklim
Data	Veri
Evolution	Evrim
Experiment	Deney
Fact	Gerçek
Fossil	Fosil
Gravity	Yerçekimi
Hypothesis	Hipotez
Laboratory	Laboratuvar
Method	Yöntem
Minerals	Mineraller
Molecules	Molekül
Nature	Doğa
Observation	Gözlem
Organism	Organizma
Particles	Parçaciklar
Physics	Fizik
Plants	Bitkiler

Science Fiction
Bilim Kurgu

Atomic	Atomik
Books	Kitaplar
Chemicals	Kimyasallar
Cinema	Sinema
Clones	Klonlar
Explosion	Patlama
Extreme	Aşiri
Fantastic	Fantastik
Fire	Ateş
Futuristic	Fütüristik
Galaxy	Gökada
Illusion	Yanilsama
Imaginary	Hayali
Mysterious	Gizemli
Oracle	Kehanet
Planet	Gezegen
Robots	Robotlar
Technology	Teknoloji
Utopia	Ütopya
World	Dünya

Scientific Disciplines
Bilimsel Disiplinler

Anatomy	Anatomi
Archaeology	Arkeoloji
Astronomy	Astronomi
Biochemistry	Biyokimya
Biology	Biyoloji
Botany	Botanik
Chemistry	Kimya
Ecology	Ekoloji
Geology	Jeoloji
Immunology	İmmünoloji
Kinesiology	Kinesiyoloji
Linguistics	Dilbilim
Mechanics	Mekanik
Mineralogy	Mineraloji
Neurology	Nöroloji
Physiology	Fizyoloji
Psychology	Psikoloji
Sociology	Sosyoloji
Thermodynamics	Termodinamik
Zoology	Zooloji

Shapes
Şekilliler

Arc	Ark
Circle	Daire
Cone	Koni
Corner	Köşe
Cube	Küp
Curve	Eğri
Cylinder	Silindir
Edges	Kenarlar
Ellipse	Elips
Hyperbola	Hiperbol
Line	Sira
Oval	Oval
Polygon	Çokgen
Prism	Prizma
Pyramid	Piramit
Rectangle	Dikdörtgen
Side	Yan
Sphere	Küre
Square	Kare
Triangle	Üçgen

Spices
Baharat

Anise	Anason
Bitter	Aci
Cardamom	Kakule
Cinnamon	Tarçin
Clove	Karanfil
Coriander	Kişniş
Cumin	Kimyon
Curry	Köri
Fennel	Rezene
Fenugreek	Çemen
Flavor	Lezzet
Garlic	Sarimsak
Ginger	Zencefil
Nutmeg	Ceviz
Onion	Soğan
Paprika	Kirmizi Biber
Saffron	Safran
Salt	Tuz
Sweet	Tatli
Vanilla	Vanilya

The Company
Şirket

Business	Iş
Creative	Yaratici
Decision	Karar
Global	Küresel
Industry	Endüstri
Innovative	Yenilikçi
Investment	Yatirim
Possibility	Olasilik
Presentation	Sunum
Product	Ürün
Professional	Profesyonel
Progress	Ilerleme
Quality	Kalite
Reputation	Itibar
Resources	Kaynaklar
Revenue	Gelir
Risks	Riskler
Units	Birimler
Wages	Ücretler

Time
Zaman

Annual	Yillik
Before	Önce
Calendar	Takvim
Century	Yüzyil
Day	Gün
Decade	On Yil
Early	Erken
Future	Gelecek
Hour	Saat
Minute	Dakika
Month	Ay
Morning	Sabah
Night	Gece
Noon	Öğle
Now	Şimdi
Soon	Yakinda
Today	Bugün
Week	Hafta
Year	Yil
Yesterday	Dün

To Fill
Doldurmak

Bag	Çanta
Barrel	Fiçi
Basin	Havza
Basket	Sepet
Bottle	Şişe
Box	Kutu
Bucket	Kova
Carton	Karton
Crate	Sandik
Drawer	Çekmece
Envelope	Zarf
Folder	Klasör
Jar	Kavanoz
Packet	Paket
Pocket	Cep
Suitcase	Bavul
Tray	Tepsi
Tub	Küvet
Tube	Tüp
Vase	Vazo

Town
Kasaba

Airport	Havalimani
Bakery	Firin
Bank	Banka
Bookstore	Kitapçi
Cinema	Sinema
Clinic	Klinik
Florist	Çiçekçi
Gallery	Galeri
Hotel	Otel
Library	Kütüphane
Market	Pazar
Museum	Müze
Pharmacy	Eczane
Restaurant	Restoran
School	Okul
Stadium	Stadyum
Store	Mağaza
Supermarket	Süpermarket
Theater	Tiyatro
University	Üniversite

Universe
Evren

Astronomer	Astronom
Astronomy	Astronomi
Atmosphere	Atmosfer
Celestial	Göksel
Cosmic	Kozmik
Darkness	Karanlik
Eon	Eon
Equator	Ekvator
Galaxy	Gökada
Hemisphere	Yarimküre
Horizon	Ufuk
Latitude	Enlem
Moon	Ay
Orbit	Yörünge
Sky	Gökyüzü
Solar	Güneş
Solstice	Gündönümü
Telescope	Teleskop
Visible	Görünür
Zodiac	Zodyak

Vacation #2
Tatil #2

Airport	Havalimani
Beach	Plaj
Destination	Hedef
Foreign	Yabanci
Hotel	Otel
Island	Ada
Journey	Seyahat
Leisure	Boş
Map	Harita
Mountains	Dağlar
Passport	Pasaport
Photos	Fotoğraflar
Restaurant	Restoran
Sea	Deniz
Taxi	Taksi
Tent	Çadir
Train	Tren
Transportation	Taşimacilik
Visa	Vize

Vegetables
Sebzeler

Artichoke	Enginar
Broccoli	Brokoli
Carrot	Havuç
Cauliflower	Karnabahar
Celery	Kereviz
Cucumber	Salatalik
Eggplant	Patlican
Garlic	Sarimsak
Ginger	Zencefil
Mushroom	Mantar
Olive	Zeytin
Onion	Soğan
Parsley	Maydanoz
Pea	Bezelye
Pumpkin	Kabak
Radish	Turp
Salad	Salata
Spinach	Ispanak
Tomato	Domates
Turnip	Şalgam

Vehicles
Araçlar

Airplane	Uçak
Ambulance	Ambulans
Bicycle	Bisiklet
Boat	Bot
Bus	Otobüs
Car	Araba
Caravan	Kervan
Ferry	Feribot
Helicopter	Helikopter
Motor	Motor
Raft	Sal
Rocket	Roket
Submarine	Denizalti
Subway	Metro
Taxi	Taksi
Tires	Lastikler
Tractor	Traktör
Train	Tren
Truck	Kamyon
Van	Van

Weather
Hava

Atmosphere	Atmosfer
Breeze	Esinti
Climate	Iklim
Cloud	Bulut
Drought	Kuraklik
Dry	Kuru
Flood	Sel
Fog	Sis
Ice	Buz
Lightning	Yildirim
Monsoon	Muson
Polar	Kutup
Rainbow	Gökkuşaği
Sky	Gökyüzü
Storm	Firtina
Temperature	Sicaklik
Thunder	Gök Gürültüsü
Tornado	Kasirga
Tropical	Tropik
Wind	Rüzgâr

Congratulations

You made it!

We hope you enjoyed this book as much as we enjoyed making it. We do our best to make high quality games.
These puzzles are designed in a clever way for you to learn actively while having fun!

Did you love them?

A Simple Request

Our books exist thanks your reviews. Could you help us by leaving one now?

Here is a short link which will take you to your order review page:

BestBooksActivity.com/Review50

MONSTER CHALLENGE!

Challenge #1

Ready for Your Bonus Game? We use them all the time but they are not so easy to find. Here are **Synonyms**!

Note 5 words you discovered in each of the Puzzles noted below (#21, #36, #76) and try to find 2 synonyms for each word.

Note 5 Words from ***Puzzle 21***

Words	Synonym 1	Synonym 2

Note 5 Words from ***Puzzle 36***

Words	Synonym 1	Synonym 2

Note 5 Words from ***Puzzle 76***

Words	Synonym 1	Synonym 2

Challenge #2

Now that you are warmed-up, note 5 words you discovered in each Puzzle noted below (#9, #17, #25) and try to find 2 antonyms for each word. How many lines can you do in 20 minutes?

*Note 5 Words from **Puzzle 9***

Words	Antonym 1	Antonym 2

*Note 5 Words from **Puzzle 17***

Words	Antonym 1	Antonym 2

*Note 5 Words from **Puzzle 25***

Words	Antonym 1	Antonym 2

Challenge #3

Wonderful, this monster  challenge is nothing to you!

Ready for the last one? Choose your 10 favorite words discovered in any of the Puzzles and note them below.

1.	6.
2.	7.
3.	8.
4.	9.
5.	10.

Now, using these words and within a maximum of six sentences, your challenge is to compose a text about a person, animal or place that you love!

Tip: You can use the last blank page of this book as a draft!

Your Writing:

NOTEBOOK:

SEE YOU SOON!

Linguas Classics Team

www.ingramcontent.com/pod-product-compliance
Lightning Source LLC
LaVergne TN
LVHW060320080526
838202LV00053B/4381
* 9 7 8 2 3 8 5 1 1 0 4 8 2 *